Angela Grube

Vegane Biografien

Narrative Interviews und biografische Berichte von Veganern

Zweite, überarbeitete Auflage

Angela Grube

VEGANE BIOGRAFIEN

Narrative Interviews und biografische Berichte von Veganern

Zweite, überarbeitete Auflage

ibidem-Verlag
Stuttgart

Bibliografische Information der Deutschen Nationalbibliothek
Die Deutsche Nationalbibliothek verzeichnet diese Publikation in der Deutschen Nationalbibliografie; detaillierte bibliografische Daten sind im Internet über http://dnb.d-nb.de abrufbar.

Bibliographic information published by the Deutsche Nationalbibliothek
Die Deutsche Nationalbibliothek lists this publication in the Deutsche Nationalbibliografie; detailed bibliographic data are available in the Internet at http://dnb.d-nb.de.

∞

Gedruckt auf alterungsbeständigem, säurefreien Papier
Printed on acid-free paper

ISBN-10: 3-89821-988-7

ISBN-13: 978-3-89821-988-4

Printed in Germany

Inhalt

Vorwort

Die vorliegende Untersuchung basiert auf narrativen Interviews und persönlichen Berichten von vegan lebenden Menschen aus dem deutschsprachigen Raum. Im ersten Kapitel erfolgt eine Einführung in das Thema, im zweiten Teil der Arbeit werden die Interviews abgebildet und im dritten Kapitel die narrativen Berichte.

Die ersten 12 Interviews entstanden im Rahmen einer Forschungsarbeit an der Universität Bielefeld in den Jahren 1997/1998. Die befragten Personen wurden über unterschiedliche Medien zur Teilnahme an der Untersuchung gewonnen. Die Nachfrageerhebungen sowie die Interviews und biografischen Berichte stammen aus den Jahren 2006-2008. Hier wurden die meisten Teilnehmer per Schneeballsystem gewonnen.

Die Interviews wurden teils mündlich, teils schriftlich durchgeführt und variieren in Länge und Form. Alle Gespräche wurden von der Autorin persönlich durchgeführt, transkribiert und ausgewertet. Auf Hervorhebungen und eine Kommentierung der Beiträge wurde bewusst verzichtet. Die Inhalte der Interviews und Berichte stellen die persönlichen Meinungen der jeweiligen Personen dar, die nicht notwendigerweise immer den Ansichten der Autorin entsprechen.

Für das Gelingen des vorliegenden Buches möchte ich mich bei allen Veganern bedanken, die im Laufe der vergangenen Jahre an der Entstehung dieses Buches mitgewirkt haben. Insbesondere bedanke ich mich bei den Personen, die sich bereit erklärt haben, ein Interview zu geben bzw. einen Bericht über ihre vegane Biografie zu verfassen. Darüber hinaus danke ich meinen Eltern, Frank Wilkening, Astrid Gondesen, Biane Ronken, Tina Möller, Manuel Kilinski und Nicole Gräsner-Pohlmann für ihre Unterstützung, Dirk Gießelmann für die Gestaltung des Buchumschlags sowie ganz besonderer Dank an Birgit Borutta für das Redigieren des Manuskriptes.

Bielefeld im Februar 2010 Angela Grube

I Einleitung

1995 schätzten der "Vegetarierbund Deutschlands e.V." und die "European Vegetarian Union" den Anteil der Vegetarier in Deutschland auf circa 3,62 % (2,9 Millionen Menschen), von denen ungefähr 230.000 vegan lebten.[1] Der Vegetarier Bund Deutschlands e.V. geht davon aus, dass in Deutschland gegenwärtig etwa 10 % der Bevölkerung vegetarisch oder vegan leben.[2]

Die Begriffe "vegetarisch" und "vegan" sind abgeleitet von den lateinischen Wörtern "vegare" (= wachsen, leben), "vegetare" (= erquicken, beleben) sowie "vegetus" (= gesund). Aus "vegere" wurde im angelsächsischen Sprachraum der Ausdruck "vegetarian" entwickelt, der als Wortstamm für den deutschen Terminus übernommen wurde. Von seinem Partizip "vegetabili" wurde das englische Wort "vegetable" (= Gemüse, pflanzliche Kost) abgeleitet.[3]

Der Ausdruck "vegetarian" wurde erstmals 1842 von englischen Vegetariern als Ersatz für verschiedene Bezeichnungen wie "pythagoreische Kost,"[4] "Pflanzenköstler" oder "fleischfreie Kost" verwendet. Davor wurde Jahrtausende lang von "pythagoreischer Lebensweise" gesprochen, wenn es um Vegetarismus ging. In den folgenden Jahrzehnten wurde dieses Wort auch im deutschsprachigen Raum als "vegetarianisch" bzw. "Vegetarianer" übernommen. Später bürgerten sich die Kurzformen "vegetarisch" bzw. "Vegetarier" ein. Darüber hinaus findet sich in der Literatur bis 1880 neben dem Begriff des "Vegetarianismus" auch der des "Thalysianismus",[5] ehe sich die verkürzte Form "Vegetarismus" durchsetzte.[6]

Der Begriff "vegan" hat seine Wurzeln ebenfalls im angelsächsischen Raum. Er entstand im November 1944 als Wortschöpfung durch Donald Watson (1910 – 2005), Mitglied der damals neu gegründeten "Vegan Society" in Großbritannien. "Vegan" stellt eine Abkürzung des englischen "**veg**etari**an**" dar und wurde aus dessen ersten und letzten Buchstaben gebildet.

---

[1] Vgl. Leitzmann & Hahn (1996): Vegetarische Ernährung, 13

[2] Vgl. Vegetarier Bund Deutschlands e.V. Natürlich vegetarisch, 1/2007, 3

[3] Vgl. Leitzmann & Hahn (1996): Vegetarische Ernährung, 14; Haussleiter (1935): Der Vegetarismus in der Antike, 1 und Clements (1996): Vegan, 9

[4] Pythagoras: griechische Philosoph und Mathematiker; Urvater des Vegetarismus

[5] Thalysia (griechisch): Erdopfer

[6] Vgl. Leitzmann & Hahn (1996): Vegetarische Ernährung, 30 und Loppenthien, Vegetarisch fit, 1, 1998, 17f

Mit dieser neuen Wortkonstruktion sollte der konsequente und gänzliche Verzicht auf alle tierischen Produkte, auch über die Ernährung hinausgehend, verdeutlicht werden.[7] Die Ernährungswissenschaftler Claus Leitzmann und Andreas Hahn unterscheiden fünf verschiedene Formen der vegetarischen Ernährung, wobei als Unterscheidungskriterium die Lebensmittelauswahl herangezogen wurde (Tabelle 1).

Tabelle 1: Formen der vegetarischen Ernährung nach Leitzmann & Hahn[8]

Bezeichnung	**Lebensmittelauswahl**
Ovo-Vegetarier	meiden Fleisch, Fisch und Milch, essen aber Eier
Lakto-Vegetarier	meiden neben Fleisch und Fisch auch den Verzehr von Eiern, verzichten aber nicht auf Milch und Milchprodukte
Lakto-Ovo-Vegetarier	meiden Fleisch und Fisch, essen aber andere tierische Produkte wie Eier, Milch und Milchprodukte
Veganer	
a) Vegans (strikte Vegetarier)	meiden konsequent alle vom Tier stammenden Nahrungsmittel wie Fleisch, Fisch, Milch, Eier und häufig auch Honig
b) New Vegans (Rohköstler)	meiden (fast) alle vom Tier stammenden Nahrungsmittel sowie jede erhitzte Nahrung

Im Gegensatz zu einer vegetarischen Lebensweise bezieht sich ein veganer Lebensstil nicht nur auf das Ernährungsverhalten, sondern versucht darüber hinaus jede Ausbeutung von Tieren zu vermeiden. Aus diesem Grund lehnen Veganer nicht nur den Verzehr tierischer Nahrungsmittel ab, sondern auch die Verwendung von Produkten, die ganz oder teilweise aus tierischen Rohstoffen hergestellt werden (wie Leder, Wolle, Daunen, Süsswasserperlen und Naturborsten aus Tierhaaren), oder für die Tierversuche (zum Beispiel für Kosmetika und Reinigungsmittel) durchgeführt wurden: "Als vegan lebend bezeichnen sich jene Menschen, die die Verwendung tierischer Produkte in ihrer Ernährung sowie zur Bekleidung und zur Herstellung aller anderen Gebrauchsgüter ablehnen."[9]

[7] Vgl. Clements (1996): Vegan, 9
[8] Vgl. Leitzmann & Hahn (1996): Vegetarische Ernährung, 15
[9] Clements (1996): Vegan, 9

Das Hauptziel der vorliegenden Untersuchung bestand darin, sich der sozialen Realität eines veganen Lebensstils möglichst wirklichkeitsgetreu anzunähern, um relevante Dimensionen dieses Objektbereichs in Erfahrung zu bringen. Als Methoden wurden das narrative Interview und der biografische Bericht gewählt, durch die die Befragten veranlasst wurden, über ihren veganen Lebensstil Auskunft zu geben. Dabei wurde das Interview von der Frage: "Wie gestaltet sich der Lebensstil von Veganern und sind Schwierigkeiten damit verbunden?" geleitet. Weitere Fragen fokussierten die anfänglichen Motive und die praktische Umsetzung der veganen Lebensweise.

Auswahlkriterium für die Teilnahme an der Untersuchung war die Selbsteinschätzung der Teilnehmer als "vegan lebend". Während der Terminabsprache wurden die Studienteilnehmer über Sinn und Zweck des Projektes informiert. Anschließend wurden die Teilnehmer in ihrer privaten Umgebung, am Telefon oder an einem neutralen Ort der Universität Bielefeld interviewt und ein paar Jahre später nachinterviewt. Zur Aufbereitung der Interviews wurde die wörtliche Transkription der zuvor aufgenommenen Interviews gewählt. Die Dauer der einzelnen Interviews lag zwischen 15 und 90 Minuten und orientierte sich an einem halbstandardisierten Leitfaden, dem folgende Fragestellungen zugrunde lagen:

- Wie wurdest Du vegan?
- Wie reagierte Deine Umwelt darauf?
- Welche Probleme hast Du als Veganer?
- Wie kann man Deine Situation verbessern?

Die inhaltliche Thematik der Berichte entwickelte sich ebenfalls entlang der oben genannten Fragestellungen und konzentrierte sich vor allem auf die Entstehung des veganen Lebensstils, aber auch auf Einstellungen, Probleme und Wünsche der Befragten.

Die geführten Interviews und Berichte zeichneten sich in der Regel durch einen narrativen Gesprächsstil aus. Alle Veganer bestanden darauf, mit "Du" angesprochen zu werden und fast alle erhielten ein Pseudonym. Der Zeitpunkt der Altersangaben entsprach dem Zeitpunkt der Interviews bzw. Berichte.

II narrative Interviews

1. Tiere als Rohstofflieferanten (Andy, 29, Angestellter)

I: Hallo Andy. Schön, dass Du zu diesem Interview kommen konntest.

Andy: Gerne.

I: Wie wurdest Du vegan?

Andy: Soweit ich mich erinnern kann, war ich 16 oder 17 Jahre alt und habe aus ethischen Gründen den Fleischkonsum eingestellt. Ich wurde also erstmal Ovo-Lakto-Vegetarier.

I: Was heißt für Dich aus ethischen Gründen?

Andy: Das heißt, dass ich – aus welchen Gründen auch immer – plötzlich zu der Überzeugung kam, dass es irgendwie komisch ist, Tiere zu halten und deren Leichen oder Kadaver zu essen. Also insbesondere das Produkt "Fleisch" war vorher immer etwas Positives für mich, aber dann hatte ich plötzlich die Vorstellung von einer Leiche.

I: Gab es hierfür einen bestimmten Auslöser?

Andy: Den Anstoß gab ein Freund von mir, der behauptete Vegetarier zu sein und den ich sympathisch fand. Von dem hatte ich das mal gehört. Gesehen hatte ich das selber nicht. Ich hab das dann für mich selber entschieden.

I: War dies denn der erste Auslöser oder hattest Du vorher schon einmal darüber nachgedacht, Vegetarier zu werden?

Andy: Bewusst darüber nachgedacht, also länger darüber nachgedacht, nicht. Da ich aus einer Familie komme, wo Hausschlachtung betrieben wird, war ich mit dieser ganzen Fleischproduktion vertraut und hatte jedes Jahr aufs Neue Probleme damit, dass die Tiere, die ich auch lieb gewonnen hatte, getötet wurden. Ernsthaft darüber nachgedacht, den Fleischkonsum zu verweigern, habe ich erst mit 17 Jahren. Das habe ich dann auch sofort in die Tat umgesetzt. Also, als ich anfing darüber nachzudenken, habe ich es auch in die Tat umgesetzt. Das war der erste Schritt.

I: Wie ging es dann weiter?

Andy: In der Zeit, in der ich noch bei meinen Eltern gewohnt habe, also bis ich 19 war, habe ich kein Fleisch gegessen und war durchgängig Ovo-

Lakto-Vegetarier. Im Laufe des Studiums bin ich dann das erste Mal wieder zum Fleischesser geworden. Das ging dann über einen längeren Zeitraum in unregelmäßigen Abständen hin und her. Also mal vegetarisch, dann wieder nicht und so weiter. Es gab zwar einen vernünftigen Grund, kein Fleisch zu essen, nämlich den ethischen, der noch der gleiche war wie mit 17 Jahren, als ich das erste Mal Vegetarier wurde. Aber es gab auch ein paar Rückfälle aus Bequemlichkeit. Mit der blöden Begründung – ähnlich wie beim Rauchen – "Ist mir doch scheißegal!" Also, ich habe es damit begründet, dass es mir geschmeckt hat. Ich musste es ja irgendwie vor mir selbst rechtfertigen, wenn ich manchmal wieder Fleisch aß. Und dann kam wieder die Vernunft und ich wurde wieder vegetarisch. So ging das dann die ganze Zeit, wobei ich sagen muss, dass ich eigentlich die meiste Zeit kein Fleisch gegessen habe.

I: Bezog sich denn Dein Vegetarismus nur auf den Verzicht von Fleisch oder auch auf andere Produkte vom toten Tier? Hast Du auch Milch und Käse gemieden?

Andy: Alles, was ich an tierischen Produkten zu mir genommen habe, war Käse, selten auch Milch und Eier.

I: Wie ging es dann weiter?

Andy: Dann kam irgendwann die Phase, in der ich aus gesundheitlichen Gründen auf alle Milchprodukte verzichtet habe. Das fiel mir aber zunehmend schwer, weil ich keine Ersatzprodukte hatte. Da war nun so viel vom Speiseplan runter, dass ich es irgendwann aus Bequemlichkeitsgründen nicht mehr durchgehalten habe, auf Käse zu verzichten. Als Vegetarier hatte ich viel Käse gegessen. *(Andy lacht)*

I: Hast Du Dich damals auch nach alternativen Produkten umgesehen?

Andy: Nein. Also, ich habe bis dahin keine Ersatzprodukte gekannt, und ja, von Alternativprodukten hatte ich gehört, aber da ich eigentlich nicht in Reformhäusern eingekauft habe, habe ich einfach mehr Gemüse gegessen. Das war auch relativ schwierig. Ich habe eigentlich genauso das Gleiche gegessen wie die anderen Familienmitglieder, nur habe ich auf das Fleisch verzichtet. Eigentlich habe ich in der ganzen Zeit nur Beilagen gegessen. Und das war schon relativ schwierig, weil ich nichts ersetzt, sondern einfach nur weggelassen habe. Mit diesem kompletten Milch- und Ei-Verzicht, da wurde der Speisezettel dann immer schmaler und es wurde zunehmend schwieriger.

I: Wie wurdest Du dann später vegan?

Andy: Das war, als ich 28 war, also ungefähr 11 Jahre, nachdem ich anfing, vegetarisch zu leben. Das war durch eine Frau, die ich kennengelernt hatte. Die lebte vegan. Die ermöglichte es mir auf zwei Ebenen vegan zu werden. Sie unterstützte mich halt darin. Das Erste war eine Neuorientierung der ethischen Aspekte. Also das war quasi so ein Aufleben von dem, was ich mit 17 oder 18 Jahren gedacht hatte. Das kam wieder ins Bewusstsein. Allein dadurch, dass mir das jemand vorlebte. Das Zweite – und das war sicherlich genauso entscheidend – war, dass ich zum ersten Mal Austauschprodukte kennengelernt habe, die es mir sehr leicht gemacht haben, vegan zu werden. Ich habe im Unterschied zu diesem ersten Versuch, als ich aus gesundheitlichen Gründen auf Milchprodukte und Eier verzichtet hatte, dieses Mal Austauschprodukte und auch sehr viele neue Lebensmittel kennen gelernt, bei denen ich nicht den Gedanken hatte, auf irgendwas zu verzichten zu müssen.

I: Was bedeutet der Veganismus jetzt für Dich?

Andy: Veganismus bedeutet für mich heute, mich ohne tierische Produkte zu ernähren. Also Tiere nicht als Rohstofflieferanten – zumindest in Hinsicht auf Lebensmittel – zu sehen, auch nicht in Hinsicht auf andere Produkte, wie zum Beispiel Kleidung. Darauf werde ich auch in Zukunft verzichten. Das Tier als Rohstofflieferant würde ich sagen, das muss nicht sein. Ich finde das nicht gut und möchte es nicht unterstützen.

I: Und aus welchem Grund möchtest Du das nicht unterstützen?

Andy: Ich denke, es ist heutzutage ein absolut Leichtes, darauf zu verzichten. Es gibt für alles, was man braucht, auch Ersatzprodukte. Eigentlich ist es gar nicht mal ein Ersatz, sondern es gibt einfach genug andere Dinge, aus zum Beispiel Erdöl oder pflanzlicher Herkunft. Die Tiere als Rohstofflieferanten zu benutzen ist ethisch verwerflich. Es gibt für alles, was man so braucht Alternativprodukte bzw. Produkte, die den Einsatz von tierischen Stoffen überflüssig machen. Von daher finde ich es absolut verwerflich, Tiere heutzutage als Rohstofflieferanten zu benutzen. Im Nachhinein würde ich niemanden verurteilen, der das vor 500, 1.000 oder 2.000 Jahren gemacht hat. Ein Eskimo, der Tiere als Rohstofflieferanten benutzt, den würde ich nicht verurteilen, weil er keine Alternativen hat. Zumindest hatte er die vor 200 Jahren noch nicht. Heute kann er sich vielleicht auch so etwas wie eine Gore-Tex-Jacke kaufen, das geht zumindest in der entwickelten Welt.

I: Wie hat Deine Umwelt reagiert, als Du vegan geworden bist?

Andy: Mit Unverständnis. Dabei bin ich gar nicht derjenige, oder in der Position, dass ich das Ganze aktiv oder aggressiv propagiere, sondern ich setze die Leute nur davon in Kenntnis. Ich fange nicht an, andere Leute davon überzeugen zu wollen. Ich setze sie einfach nur davon in Kenntnis. Dabei stoße ich schon auf Ablehnung oder auf Unverständnis bis hin zur Ablehnung. Was dann wiederum dazu führt, dass ich es argumentativ rechtfertige was ich tue, was dann manchmal zu Diskussionen führt, die dann schon in die Richtung gehen, andere zu überzeugen. Das ist aber nicht meine Intention sondern passiert einfach. Dieser Prozess des Sich-Rechtfertigens, der geht eher von den anderen Leuten aus.

I: Kannst Du das konkretisieren? Welche Probleme ergeben sich daraus in Deinem sozialen Umfeld?

Andy: Das Grundproblem ist, dass dieses Bewusstsein leider völlig unterentwickelt ist in unserer Gesellschaft. Völlig! Der Gedanke, dass es verwerflich sein könnte, Tiere als Rohstofflieferanten zu benutzen, der ist fast überhaupt nicht vorhanden. Der trifft auf fast völliges Unverständnis bei den Leuten und produziert Probleme, so dass man das Gefühl hat, in der Hinsicht völliger Außenseiter zu sein. Und das ist schon ein komisches Gefühl.

I: Warum bleibst Du trotz dieser Probleme Veganer?

Andy: Wegen der Einstellung, also der moralischen und ethischen Einstellung. Es ist überflüssig, Tiere als Rohstofflieferanten zu gebrauchen oder zu missbrauchen. Diese Formel ist so plausibel. Wenn man sie erst einmal begriffen oder verstanden hat, dann fällt es schwer, das aus Gründen des Opportunismus zu missachten. Es ist natürlich einfacher, wenn man vegetarisch lebt – allein schon wegen dem Essen gehen. Vegetarisch essen zu gehen ist kein Problem, aber vegan essen zu gehen schon eher. Daraus resultieren Probleme: Man geht nicht mehr so oft mit anderen Leuten essen. Man isst nicht mehr bei anderen Leuten, die nicht vegan sind. Man muss sich immer wieder rechtfertigen. Es wäre natürlich viel einfacher, wenn man sagen würde: "O.K., vegetarisch reicht mir", oder "Ich verzichte auf gar nichts, dann werde ich am wenigsten gefragt, oder am wenigsten dumm angemacht." Aber diese Erkenntnis aus Gründen des Opportunismus aufzugeben, das fällt sehr schwer, da diese Erkenntnis so plausibel ist.

I: Glaubst Du, dass Du vegan bleiben wirst?

Andy: Ja, ich denke schon, dass ich dabei bleiben werde.

I: Und wie glaubst Du, kann man diesen Missstand, den Du verspürst abschaffen oder verändern?

Andy: Ich denke, dass diese einfache Formel stärker ins gesellschaftliche Bewusstsein gebracht werden müsste zum Beispiel über die Medien. Obwohl ich manchmal denke, dass das gar nichts bringt, da dieser Gedanke von den meisten Leuten so stark abgelehnt wird oder so abwegig ist, dass das Vorleben nichts bringt. Manchmal denke ich, das verfestigt die Anderen nur noch irgendwie. Die Akzeptanz ist noch sehr gering. Ich denke, da muss noch viel Aufklärungsarbeit über die Medien erfolgen, ähnlich wie beim Vegetarismus. Der war vor 10 oder 20 Jahren ähnlich verpönt. Ich kenne das aus eigener Erfahrung, dass ich zu hören bekam "Wie kein Fleisch essen? Das ist doch...", "Du bist doch dumm!", "Das ist doch ungesund!" oder "Da gibt es doch gar keinen Grund für!" Diese extreme Ablehnung des Vegetarismus meine ich heute nicht mehr festzustellen und möglicherweise wird die Ablehnung des Veganismus in einigen Jahren ähnlich verschwunden sein.

I: Der Vegetarismus wird heutzutage überwiegend als eine gesunde Lebensweise angesehen. Meinst Du, dass sich der Veganismus ähnlich entwickeln wird?

Andy: Das könnte ich mir vorstellen. Aber es geht ja nicht nur um die Gesundheit, sondern es geht darum, dass der Gedanke "Tiere als Rohstofflieferanten zu gebrauchen ist unsinnig und daher auch unsittlich", dass der verbreitet wird. Und das beinhaltet ja auch

Bekleidung und andere Produkte, wie Schnitzereien aus Elfenbein. Das sind Rohstoffe vom Tier, die man nicht braucht. Man braucht sie nicht und außerdem ist es mit Leid verbunden. Wenn sich der Gedanke verbreitet und von irgendwelchen Gruppen stärker ins Bewusstsein gebracht wird, von den Schulen oder Kirchen, wie es ja teilweise schon passiert, dann wird der Veganismus auch auf die Kleidung bezogen. Ich weiß zum Beispiel aus der Medienberichterstattung, dass es Geistliche gibt, die sagen: "Das sind Geschöpfe Gottes und die als Rohstofflieferanten zu missbrauchen, das ist nicht im Sinne des Schöpfers." Es muss jetzt nicht zwangsläufig über die Religion laufen, aber ich könnte mir vorstellen, dass es – wenn dieser Gedanke in der Schule oder in den Medien gelehrt wird – einfacher ist vegan zu leben, weil man dann auf mehr Verständnis und weniger Widerstand stößt.

I: Ist der Widerstand für Dich das größte Problem in Deinem Umfeld?

Andy: Ja. Manchmal ist es, als wenn man von einem fremden Stern kommen würde. Und was erschwerend hinzukommt, ist das negative Image, das über die Medien aufgebaut wird und das man mitbekommt: "Vegetarier, alles klar, das sind gute Menschen und Veganer sind Chaoten. Das sind Spinner, die die Erde befreien wollen und ohne jeglichen Realitätsbezug sind." Das ist auf jeden Fall ein Problem.

I: Fühlst Du Dich als ein Spinner?

Andy: Ich halte mich natürlich nicht für einen Spinner! Keine Frage. Aber es ist ein Problem, dass andere Leute dieses Klischee haben.

I: Könnte man über vegane Publikationen etwas verändern?

Andy: Ich hoffe! Also ich würde mich auch freuen, wenn der Gesetzgeber sagen würde: "Hier, das ist verboten. Das gibt's nicht mehr". Aber das ist erst mal utopisch... *(Andy lacht)*

I: Andy, ich danke Dir für das Gespräch.

Acht Jahre später berichtet Andy (inzwischen 37 Jahre) folgendes:

I: Hallo Andy, es sind nun einige Jahre vergangen, seitdem wir unser Interview geführt haben und ich bin gespannt, wie es Dir in der Zwischenzeit ergangen ist. Lebst Du immer noch vegan?

Andy: Ja, ich lebe immer noch vegan. Zuhause verzichte ich mittlerweile seit über 10 Jahren auf alle Nahrungsmittel tierischen Ursprungs, also vor allem auf Fleisch, Fisch, Eier und Milchprodukte. Aber auch bei der Kleidung vermeide ich weitestgehend auf tierische Produkte wie Wolle oder Leder. Lediglich bei Honig und manchen Geschenken, zum Beispiel selbst gestrickte Socken aus Schafswolle zu Weihnachten, da mache ich eine Ausnahme.

I: Aus welchen Gründen lebst Du noch immer vegan?

Andy: Die Gründe für meinen veganen Lebensstil sind nach wie vor die gleichen geblieben. Das bedeutet, ich lebe immer noch aus ethischen Gründen vegan. Ähnlich wie bei dem Interview vor sieben Jahren bin ich immer noch der Meinung, dass es unnötig und falsch ist, Tiere als Rohstofflieferanten zu gebrauchen.

I: Wie reagiert Deine Umwelt heute auf Deine vegane Lebensweise?

Andy: Die meisten Leute in meinem sozialen Umfeld wissen gar nicht, dass ich vegan lebe. Sie denken, dass ich Vegetarier bin. Das kommt daher, dass ich außerhalb des Hauses auch mal vegetarisch esse, wenn ich zum Beispiel bei Dienstreisen oder Geschäftsessen kein veganes Menü bestellen kann. Durch dieses Verhalten gehe ich der Konfrontation aus dem Weg, denn zum Vegetarismus kommen ja heutzutage kaum noch Nachfragen. Das hängt mit Sicherheit auch damit zusammen, dass viele in meinem akademischen Berufsfeld Vegetarier sind. In meinem privaten Umfeld wissen die Leute allerdings schon, dass ich vegan lebe. Ich hänge das aber nicht an die große Glocke, sondern lebe es einfach. Das bedeutet, dass ich ganz selbstverständlich vegan koche. Bisher schien keiner meiner Gäste etwas zu vermissen, allen schmeckte es und einige erkundigen sich auch nach den Rezepten. Auch in meiner Partnerschaft gibt es überhaupt keine Probleme bei der Nahrungszubereitung, da meine Freundin ebenfalls vegan lebt.

I: Wie bewertest Du heute das Image beziehungsweise das Ansehen von Veganern in der Gesellschaft?

Andy: In der Öffentlichkeit trete ich nicht unter dem Label "vegan" auf, da ich das Image von Veganern in der Gesellschaft aus Sicht der Nicht-Veganer als sehr problematisch einstufe. So werden die Veganer von Anderen nicht nur negativ bewertet, sondern als Außenseiter oder Spinner überhaupt nicht ernst genommen, was meines Erachtens nach aber teilweise auch an dem Verhalten der einzelnen Veganer selbst liegt. Oder – um es mal überspitzt zu sagen – scheint das Label "vegan" für einige Menschen lediglich ein Sammelbecken von unterschiedlichen Chaoten oder Wirrköpfen zu sein. *(Andy lacht)*

Hier mischen sich oft diverse politische, esoterische und sonstige weltfremde Positionen zu einer undifferenzierten Gruppe, mit der ich nichts zu tun haben möchte. Viele springen ja auch schon nach einigen Jahren wieder ab, nur wenige bleiben über lange Zeit hinweg vegan. Ich fände es wünschenswert, wenn eine Reduzierung auf den Kern – nämlich der Ablehnung von Tieren als Rohstofflieferanten – vorläge. Dann könnten sich sicherlich mehr Menschen damit identifizieren und positiver "committen" ohne zwingend in die Ecke der Randalierer, Globalisierungsgegner, Feministen oder Esoteriker gedrängt zu werden. *(Andy lacht)*

Ich lebe aus ethischen Gründen vegan und verknüpfe meine Lebensweise an keine gesellschaftlichen Erwartungen oder Veränderungen durch Aufklärung der Gesellschaft über das Tierleid, Bildung oder Erziehung in Schulen. Ich glaube nicht, dass Menschen aus ethischen Gründen vegan werden und sehe mich auch nicht als einen Vordenker, der als Multiplikator fungieren könnte. Ich gehe eher davon aus, dass es in absehbarer Zeit billige und künstlich hergestellte Fleischprodukte geben wird und dadurch die Massentierhaltung beendet wird. Das Motiv des Konsumenten wird dann natürlich kein moralisches sein, sondern ein rein wirtschaftliches. Bis dahin wird es so bleiben, wie Bertolt Brecht schon treffend formulierte: "Erst kommt das Fressen, dann die Moral."

2. Wichtigste Entscheidung im Leben (Anna, 32, Maskenbildnerin)

I: Hallo Anna. Schön Dich zu treffen. Wie lange lebst Du schon vegetarisch und warum wurdest Du vegan?

Anna: Ich bin inzwischen seit 13 Jahren Vegetarierin. Und ich habe im Spätsommer vor circa vier Jahren autonome Tierrechtler vor McDonald's gesehen, die dort demonstriert haben. Einer von ihnen hat mir ein Flugblatt in die Hand gedrückt, das mich erstmals zum Nachdenken über den Veganismus gebracht hat. Und die wirklich letzte Entscheidung war die Nacht, als in England auf einem Transporthafen für Schafe diese Tierrechtlerin von dem Tiertransporter überfahren worden ist. Das war ein Bericht in den Tagesthemen, in dem sie so unvorstellbar grausame Bilder über Tiertransporte, Tierausbeutung und Schlachtung gezeigt haben, so dass ich fast die halbe Nacht geheult habe und mir sagte: "Damit will ich nichts mehr zu tun haben!" Und dieser Gedanke "Veganismus ja oder nein? Ist das was für mich?", der hat mich so aufgewühlt, dass ab dieser Nacht klar war: "Ich versuche das." Das hat mir natürlich ein paar Schwierigkeiten eingebracht, und das war am Anfang auch nicht so leicht, wenn man da an Schuhe und so denkt. Das war so ungefähr vor drei Jahren.

I: Wie bist Du zuvor Vegetarierin geworden?

Anna: Ich komme vom Land und da ist Vegetarismus überhaupt kein Thema. Als Kind hatte ich zum Beispiel ein Kaninchen, das ich sehr geliebt habe, und das hing dann eines Tages kopfüber an der Wäscheleine. Ich habe geheult und gesagt: "Das ist ja schrecklich! Ich esse nie wieder Kaninchen! Das ist ja furchtbar!", habe aber weiterhin irgendwelche anderen Tiere die keine Kaninchen waren, nicht damit in Verbindung gebracht. Später lernte ich einen Vegetarier kennen. Dieser Mann hat mich mit ein paar Sachen bekannt gemacht, die ich nicht wusste, wie den ganzen ökologischen und wirtschaftlichen Zusammenhängen. Mein Interesse war geweckt und ich habe angefangen zu lesen. Ich fand das alles ganz spannend und habe gedacht: "Das ist ja eine tolle Idee! Das will ich auch!" Und so bin ich dann Vegetarierin geworden. Das ging ganz, ganz schnell. Und danach eben Veganerin.

I: Und was bedeutet Dir der Veganismus?

Anna: Für mich ist das zum einen die wichtigste Entscheidung in meinem Leben. Ich denke, dass das im besten Sinne eine Utopie ist, die für die ganze Welt – jetzt mal ganz größenwahnsinnig gesprochen – die Möglichkeit zur gerechten Verteilung von Ressourcen wäre. Zudem würde es auch die Möglichkeit beinhalten, einen dauerhaften Frieden zwischen allen Menschen, allen Tieren und auch der Natur zu gewährleisten. Das ist es, glaube ich, kurz auf den Punkt gebracht.

I: Lebst Du in erster Linie aus ethischen Aspekten vegan?

Anna: Also ganz am Anfang war es wohl in allererster Linie der ethische Aspekt. Mittlerweile habe ich aber mein Wissen vergrößert, so dass ich es auch aus ökologischen, wirtschaftlichen und eigentlich auch anderen Gründen überhaupt nicht mehr vertreten könnte, nicht vegan zu leben.

I: Das heißt, die erste Motivation bestand im Mitleid mit den Tieren?

Anna: Absolut, ja. Als ich dann auch mitbekommen habe, wie das die internationale Ernährungslage beeinflusst, da habe ich gedacht: "Das ist ja Wahnsinn!"

I: Wie hat Deine Umwelt darauf reagiert, dass Du vegan wurdest?

Anna: Ganz schlimm, ganz schlimm! "Jetzt ist sie ganz verrückt geworden." "Spinnst Du, bist Du nicht zu extrem?" Meine Mutter hat geheult und hat gemeint, sie hätte alles falsch gemacht. Das hat eigentlich fast niemand verstanden. Und ein bisschen ist es heute auch noch so.

I: Kanntest Du damals andere Veganer?

Anna: Nein.

I: Das heißt, Du warst auf Dich allein gestellt?

Anna: Ja. Und es hat auch eine ganze Weile gedauert, bis ich andere Veganer kennen gelernt habe.

I: Wie lange dauerte das ungefähr?

Anna: Bestimmt ein Vierteljahr, bis ich mich das erste Mal zu einer Vereinigung hingetraut habe. Ich hatte einfach das Bedürfnis, mich mit anderen Leuten auszusprechen und nicht ständig dieses Gefühl zu haben, mich erklären zu müssen. Dass da noch andere waren, die der gleichen Ansicht waren, das war mir unheimlich wichtig.

I: Was für Probleme hast Du mit Deiner Umwelt?

Anna: Die ersten Probleme fangen damit an, wenn es ums Einkaufen geht. Ich muss in Supermärkte gehen, wo das Fleisch in den Regalen herumliegt. Das finde ich ganz schrecklich. Zudem ist es problematisch mit anderen Leuten zu essen. Ich kann kaum zusehen, wenn Leute Teile von Tieren in sich reinschieben. Ich habe auch große Schwierigkeiten, wenn jemand spontan sagt: "Ich mach was zu essen, komm doch vorbei!" Dann denke ich immer: "Oh Gott, was sagste jetzt?" Ich habe das Gefühl, mich rechtfertigen zu müssen, schrecklich! Also, dieses tägliche Leben ist schon irgendwie sehr schwer. Ich gehe sehr wach durch meine Umwelt und sehe dadurch auch ganz viele Sachen. Oft muss ich mich zwingen, die Augen zuzumachen, damit ich irgendwie noch einigermaßen Spaß am Leben haben kann.

I: Gibt es auch Konfrontationen, wenn Du Menschen sagst, dass Du Veganerin bist?

Anna: Du meinst, wie ich darauf reagiere? Oder was da für Fragen kommen?

I: Ja, wie andere Leute darauf reagieren.

Anna: Ja, das ist oft lustig. Am Anfang habe ich eigentlich immer diese negativen Erfahrungen gemacht, nach dem Motto "Du spinnst ja!", "Du bist ja bescheuert!" und so. Aber mittlerweile ist das anders. Ich hatte letzte Woche eine ziemlich gute Diskussion bei uns auf der Arbeit. Es war wahrscheinlich nicht besonders fruchtbar, aber es war ganz entspannt. Ich habe mit fünf oder sechs Frauen über den Veganismus und meine Motive geredet, und es waren immer zwei dabei, die das, was ich gesagt habe, bestätigt haben. Als ich zum Beispiel gesagt habe, dass etwas nicht zu rechtfertigen sei, dass es schon immer so gemacht wurde, haben zwei von ihnen wohlwollend mit dem Kopf genickt und gesagt: "Ja, das stimmt ja auch." Oder auch beim Thema, dass Kühe nicht grundsätzlich Milch geben, da meinten dann zwei: "Ja, ja, Du hast ja eigentlich Recht." Geendet hat das Gespräch damit, dass alle gesagt haben: "Ja, das ist aber wahnsinnig schwer. Ich bewundere Dich ja eigentlich, dass Du das kannst." Da habe ich gedacht: "Aha, es tut sich was." Ich muss mich nicht nur rechtfertigen, es ist nicht immer nur negativ, sondern manchmal auch so, dass sie zumindest neutral interessiert fragen. Wenn ich in Restaurants gehe – vornehmlich gehe ich natürlich in vegetarische Restaurants und frage: "Was ist vegan?" – dann werde ich schon dumm angeschaut. Es gibt hier zum Beispiel ein vegetarisches Restaurant, in dem sie mir erzählt haben, dass sie eigentlich nur Eiernudeln verwenden. Das ist für mich schier unglaublich. Auf der anderen Seite war ich in einem vegetarischen Restaurant in Hamburg, da kam der Kellner an unseren Tisch und hat gefragt: "Was möchtest Du essen?", und da habe ich gesagt: "Ich bin Veganerin und ich möchte pflanzlich essen", und da sagte er, ja, wirklich wie aus der Pistole geschossen: "Ich ernähre mich wie Du und kann Dir Folgendes empfehlen..." Das fand ich total klasse, ich hab mich gar nicht mehr eingekriegt. *(Anna lacht)*

I: Gibt es bei Dir auch Probleme mit dem sozialen Umfeld?

Anna: Für mich persönlich kann ich nur sagen, dass ich es mir auch durch meine anderen Einstellungen sehr schwer mache. Ich rauche nicht, ich trinke nicht, und ich versuche immer möglichst ökologisch zu handeln. Ich mache mich bei meinen Arbeitskollegen dadurch natürlich unbeliebt, weil ich zum Beispiel dafür gesorgt habe, dass bei uns nicht mehr geraucht wird. Das hat natürlich mit Veganismus nichts zu tun. Aber ich bin immer schon so eine Exotin gewesen. Deswegen betrachte ich jetzt meine Schwierigkeiten, was den Veganismus angeht, auch nicht als viel gravierender. Wenn ich zu meinen Eltern nach Hause fahre, gibt es nur noch veganes Essen. Sogar mein Vater, der sonst immer nur rummotzt: "Dann habe ich ja gleich wieder Hunger…", der isst mittlerweile klaglos das speziell für den einen Besuchstag seiner Tochter zubereitete vegane Essen mit.

I: Und wer bereitet das Essen dann zu?

Anna: Meine Mutter. Das ist echt toll. Dafür, dass es am Anfang so viel Theater gab, ist es jetzt ganz schön. Aber für sich selbst interessiert sie das nicht. Die essen nach wie vor Fleisch, wenn ich nicht da bin. Es ist so, dass ich manchmal so eine Wut bekomme. Ich kenne ganz viele Menschen, die ich total schätze und sehr gern habe. Aber wenn ich dann sehe, wie gedankenlos die im Umgang mit dem Thema sind, das mir so wichtig ist, dann kriege ich so eine Wut. Dann möchte ich die am liebsten nicht mehr gern haben. Wie können Menschen, die so lieb und so wach sind, nur so gedankenlos sein, was dieses Thema angeht? Das ist jetzt nur eine Einschätzung von mir und sehr arrogant, aber das regt mich kolossal auf! Ich habe keine Lust, nur Veganer und Veganerinnen als Freunde zu haben. Zum Beispiel diese Freundin, von der ich Dir erzählt hatte, bei der habe ich schon das Gefühl, dass wir uns beide über die Jahre total weiter gebracht haben. Sie hat mich in der Frauenbewegung ein bisschen voran gebracht und ich habe sie, glaube ich, beim Thema Veganismus weiter gebracht. Sie ist nun auch vegan, was mich total freut, und ich habe dafür einen viel wacheren Blick für die Belange von Frauen bekommen.

I: Hast Du Vorschläge, wie man den Veganismus besser in der Gesellschaft etablieren könnte?

Anna: Ich wünsche mir manchmal Informationsschriften, die so abgefasst sind, dass ich sie mit gutem Gewissen weitergeben könnte. Ich selbst bin da nicht so begabt, etwas Derartiges aufzusetzen. Manchmal wünsche ich mir, dass ich den Mut hätte, diese Sachen auch weiter zu geben. Wie man das grundsätzlich machen kann, weiß ich nicht. Ich glaube, einzelne Leute sind da ungemein wichtig, durch die Vorbildfunktion und durch Engagement im Freundes- und Bekanntenkreis. Aber ich selbst habe mich da leider auch nicht besonders hervorgetan, weil ich diese negativen Diskussionen irgendwann auch satt hatte und dachte: "Ich will jetzt in Frieden hier essen."

I: Kannst Du Dir vorstellen, dass die Pädagogik etwas für Veganer tun kann?

Anna: Ich würde es mir wünschen. Wie das konkret vonstatten gehen könnte, weiß ich nicht, aber vielleicht durch das Erstellen solcher Schriften.

I: Meinst Du, das wäre auch für den Einsatz in Schulen oder Kindergärten sinnvoll?

Anna: Ja. Ich habe kürzlich im Fernsehen eine Sendung gesehen, in der ein ganz konventioneller Ernährungsberater war, der sagte, dass er durch eine Krankheit zum Vegetarismus gefunden hat. Das ist so typisch, die

Meisten kümmern sich um die vegetarische Ernährung, wenn sie krank sind. Der hat in der Sendung, einer ganz blöden Talkshow, auch für vegetarisches Essen plädiert. Und er hat auch gesagt, dass Milch und Eier nicht unbedingt notwendig für die menschliche Ernährung seien. Ich glaube, dass es immer mehr solcher Menschen geben wird, die sich für den Vegetarismus und den Veganismus aussprechen.

I: Du meinst, es gibt zunehmend mehr Menschen, die gesellschaftlich akzeptiert sind und vegetarisch oder vegan leben?

Anna: Ja. Ich fürchte, dass es nur so geht. PeTA[10] geht ja auch diesen Weg über Sportler, Sänger und was auch immer. Und sie haben nicht gerade wenig Erfolg damit. Wenn ich sehe, wie viele Leute ich schon beeinflusst habe, da wird es mir himmelangst. Das sind nicht besonders viele. Ich finde auch Leute, die ständig moralisieren und mit dem Zeigefinger herumlaufen, ziemlich nervtötend.

I: Warum bleibst Du trotz der Probleme in der Gesellschaft Veganerin?

Anna: Weil es für mich die einzig akzeptable Lebensform ist. Ich finde alles, was nicht vegan ist, für mich nicht mehr akzeptabel. Ich kann mir das nicht mehr vorstellen, so etwas Unnatürliches wie Milchprodukte zu mir zu nehmen. Ich kann es mir überhaupt nicht mehr vorstellen, die Haut von Tieren zu tragen. Und ich bekomme immer das Gruseln, wenn ich irgendwelche Leder- und Pelztanten in der Stadt sehe. Das ist für mich überhaupt nicht akzeptabel. Ich verwende schon seit Jahren keine Medikamente mehr, in denen Gelatine oder Laktose enthalten ist. Es stellt sich für mich daher gar nicht die Frage, dabei zu bleiben oder nicht dabei zu bleiben. Zudem werden die Möglichkeiten immer besser. Die Naturkostläden, die Reformhäuser und sogar normale Supermärkte erweitern ihr Angebot so sehr, dass ich es überhaupt nicht mehr schwierig finde. Das finden wahrscheinlich nur die Leute schwierig, die dieser tradierten Ernährungsform anhängen. Die können sich das nicht vorstellen. Aber ich finde es nicht besonders schwierig.

I: Wo denkst Du, existieren noch Probleme bei Deiner Lebensweise?

---

[10] PeTA: People for the Ethical Treatment of Animals, internationale Tierschutzorganisation

Anna: Probleme tauchen beim Zusammensein auf. Ich arbeite zum Beispiel ich in einer Abteilung mit 14 Kollegen, und wenn dann morgens Frühstückspause ist und die Mettbrötchen mit Zwiebelringen rausgeholt werden, dann muss ich mich permanent zurückhalten. Oder wenn mir meine Nachbarin erzählt, dass sie Besuch bekommt und eine Ente gekauft hat und beschreibt wie sie dann die Brust macht. Da halte ich dann den Mund und denke: "Was soll ich mit der 95-Jährigen noch diskutieren?" Das fällt mir sehr schwer, weil ich sofort dieses Tier sehe, das geschlachtet und seines Lebens beraubt wurde. Das ist ein Prozess, der mehr oder weniger automatisch abläuft.

I: Du nimmst also inzwischen stärker wahr, dass Tiere gequält werden?

Anna: Ja. Ich habe mich natürlich auch sehr damit beschäftigt. Ich habe wahnsinnig viel gelesen, denn ich habe mich in einer Position gesehen, in der ich mich ständig verteidigen muss. Und ich wollte gute Argumente haben. Ich habe dann viel gelesen und sehr viel über die Hintergründe erfahren. So bekommst Du einfach ein Auge dafür. So wie wahrscheinlich jeder, der Friseur gelernt hat, allen Leuten zuerst auf den Kopf guckt und jeder, der Architektur studiert hat, überall guckt, ob denn das so stiltechnisch passt. So bin ich aufgrund dieses Wissens auch möglicherweise sehr selektiv.

I: Gibt es sonst noch etwas, was Du zum Veganismus sagen möchtest?

Anna: Ja. Eine lustige Gegebenheit mit meinem "Vorreiter", der mich zum Vegetarismus gebracht hat. Den habe ich letzten Sommer besucht. Wir haben uns über den Veganismus unterhalten und er hat mich gefragt, ob ich das nicht sehr extrem finden würde... *(Anna lacht)*

I: Das war also der Mann, durch den Du Vegetarierin wurdest?

Anna: Ja. Wir haben uns darüber unterhalten und er hat dann immer wieder gesagt: "Boah, ich finde das klasse, wie Du das machst", und so weiter. Dann hat er beim nächsten Brief, den er mir geschrieben hat, gesagt, ich hätte so einen bleibenden Eindruck bei ihm hinterlassen und er würde jetzt auch auf dem Weg sein und mache zunehmend Fortschritte, was den Veganismus anginge und fände das ganz klasse und ganz erstrebenswert. Da habe ich mich sehr gefreut und muss sagen: "Mehr davon!" *(Anna lacht)*

I: Anna, vielen Dank für das Interview.

Acht Jahre später berichtet Anna (inzwischen 40 Jahre) folgendes:

Nachdem ich nun über acht Jahre hinweg mein persönliches "veganes Experiment" erfolgreich durchgezogen habe, konnte ich auf einmal nicht mehr. Das ständige "Nein-Sagen", alle Einladungen zu verunmöglichen oder für die Anderen zu verkomplizieren. Spontanes Essen Gehen war ohnehin nie möglich; in jeder Situation wieder neu nachzufragen, zu diskutieren. Die ständigen Diskussionen mit den Mitarbeitern dazu ... meine Kraft war einfach verbraucht.

Mittlerweile lebe ich wieder überwiegend vegetarisch, wobei Eier nach wie vor auf der "No-Liste" stehen. Ich habe permanent ein schlechtes Gewissen den Kühen gegenüber und spreche innerlich Danksagungen, wann immer ich welche auf den Weiden grasen sehe.

Mein Anspruch an mich selbst geht aber dahin, wenigstens zu Hause irgendwann wieder 100-prozentig vegan zu leben, weil ich von der Idee hinter dem Veganismus nach wie vor 100-prozentig überzeugt bin!

3. Aggressive Leute
(Bella, 38, Tierarzthelferin und Praxismanagerin)

I: Hallo Bella. Schön Dich zu treffen. Wie bist Du zum Veganismus gekommen?

Bella: Also der allerletzte Auslöser war das Abschlachten von Kühen aufgrund der BSE[11]-Hysterie.

I: Wann war das?

Bella: Das war im Mai 1996. Da wurden die, in England glaube ich, haufenweise geschlachtet.

I: Wie lange warst Du vorher schon Vegetarierin?

Bella: Vegetarierin war ich seit dem Sommer 1973.

I: Wie bist Du dazu gekommen?

Bella: Das war ganz klassisch. Ich war in Italien, aß ein Salamibrot und hatte kurz vorher erfahren, dass in der Salami dort Eselsfleisch war. Und während ich das aß, ging ein Esel an mir vorbei. Da habe ich zum ersten Mal diese Verbindung gesehen. Und wirklich, während ich das Brot noch in der Hand hatte, habe ich mich dazu entschlossen, kein Fleisch mehr zu essen. Und auch keine Eier, weil ich die eh immer eklig fand. Bis 1996 habe ich dann noch Milchprodukte gegessen.

I: Wie haben Deine Eltern darauf reagiert?

Bella: Mein Vater war kurz zuvor gestorben und war sowieso ein halber Vegetarier. Von daher war das eigentlich egal.

I: Wie war das denn in der Schule? Hattest Du dort Probleme?

Bella: Ja. Es war immer bekannt, dass ich diejenige bin, die kein Fleisch isst. Aber sonst war es egal.

I: Und als Du vegan geworden bist?

Bella: Da nahm die Aggressivität schlagartig zu. Ich habe gemerkt, dass einige Leute aggressiv darauf reagierten, wenn ich sagte: "Ich bin Veganerin", und erklärt habe, was das beinhaltet. Das mache ich jetzt schon seit Ewigkeiten nicht mehr. Ich bin keine Missionarin.

---

[11] BSE: Bovine Spongiform Encephalopathy, der so genannte Rinderwahnsinn

Das habe ich am Anfang als Vegetarierin gemacht und es hat auch nur Aggressivität erzeugt. Ich weiß nicht warum, aber die fangen einfach an, fiese Sachen hervor zu holen. Die werfen mir dann vor, dass ich Plastikschuhe anziehe. Das wäre ökologisch eine Katastrophe und so weiter. Ich weiß nicht, warum sie das tun.

I: Du wirst also direkt angegriffen?

Bella: Ja. Da ich aber gar nichts von den Leuten will, verstehe ich nicht, warum die sich so aufführen. Ob es ihr schlechtes Gewissen ist? Ich weiß es nicht.

I: Hast Du das Gefühl, dass das eine Abwehrreaktion ist? Dass es ein schlechtes Gewissen ist?

Bella: Vielleicht.

I: Wie sieht das konkret aus, wenn Du sagst, dass Du Veganerin bist, also wie reagieren die Leute darauf?

Bella: "Wie geht das denn?" oder "Das geht doch gar nicht!", "Was isst Du?" Dann sage ich als Erstes: "Ja, was isst Du denn? Du kannst mir doch nicht erzählen, dass Du den ganzen Tag nur Fleisch und Käse oder Milchprodukte isst." Dann kommen sie langsam darauf und denken nach. Aber meist ist da ein Unverständnis, wie das geht, wie man überleben kann. Und dann kommen immer Fragen wie "Wie ist das denn mit Kuchen?" oder "Wie ist das denn damit?" und bezüglich Pizza und so. Dann kann man es halt erklären…

I: Was bedeutet der Veganismus für Dich?

Bella: Der ist total wichtig für mich und beeinflusst mein ganzes Leben, von vorne bis hinten. Es geht ja nicht nur um das Essen, sondern auch um Kosmetik, Waschmittel, Seifen und so weiter. Eben alles, was man benutzt. Ich denke eigentlich jeden Tag darüber nach, dass ich Veganerin bin und dass ich mich entsprechend verhalte. Ich weiß auch ganz genau, dass ich es für immer bleiben werde.

I: Trotz der Probleme mit Deinem sozialen Umfeld?

Bella: Ich sehe das nicht als großes Problem an. Ein großes Problem habe ich bei Reisen oder beim Ausgehen. Als ich noch Lakto-Vegetarierin war, bin ich fürchterlich gerne ausgegangen. Das kann man jetzt eigentlich vergessen, jedenfalls in vielen Städten. Und im Ausland habe ich auch große Probleme.

I: Kannst Du das konkretisieren?

Bella: Die nehmen mich nicht ernst. Die glauben es mir zwar sofort. Und sie glauben auch nicht, dass ich heimlich irgendwas esse. Das wurde mir als Lakto-Vegetarier noch unterstellt, dass ich doch heimlich zuhause Fleisch essen würde. Aber als Veganerin nicht. Sie können es einfach überhaupt nicht nachvollziehen. Sie verstehen nicht, wie es geht. Einige haben mich zwar schon um Kochbücher gebeten, weil sie einfach mal sehen wollten, wie das denn möglich ist. Denen leihe ich dann auch Bücher. Aber überzeugen konnte ich noch niemanden.

I: Gar keinen?

Bella: Nö. *(Bella lacht)*

I: Hast Du Probleme, bestimmte vegane Produkte zu finden?

Bella: Ja.

I: In welchen Bereichen?

Bella: Schuhe sind ein großes Problem. Also Winterschuhe. Klar, man kriegt irgendwelche Schuhe, die man tragen kann, aber die sollen ja auch schön aussehen. Das ist dann doch ein Problem. Wo sind noch Probleme? Bei Medikamenten! Wenn ich Medikamente nehmen muss, was Gott sei Dank nicht oft vorkommt, weil ich doch sehr gesund bin. Da lasse ich mir inzwischen von den Ärzten genau sagen, was drin ist. Und wenn die es nicht können, lasse ich es mir vom Apotheker erklären. Und wenn Gelatine oder Laktose oder so enthalten ist, dann kaufe ich es nicht. Sonst habe ich noch Probleme, mir Alternativkäse aus Soja zu besorgen, den man nur per Versand bekommt. Ich habe bei den Versänden noch nie etwas bestellt. Das ist mir zu aufwändig, das ganze Bestellsystem und so weiter. Meine größten Probleme als Veganerin, die liegen eindeutig bei den Reisen. Zuhause ist das kein Problem, da habe ich alles und kenne mich gut aus, zum Beispiel mit den Geschäften. Bei Reisen hingegen ist das ein großes Problem! Ich muss dann teilweise Essen mitnehmen. Das finde ich nicht so toll.

I: Was meinst Du, wie man das für Veganer erleichtern könnte?

Bella: Ich denke durch mehr Aufklärung und Öffentlichkeitsarbeit. Zum Beispiel indem die Zeitung "Vegetarisch fit" mal mehr über den Veganismus schreibt. Denn die wissen ja eigentlich, was es ist. Dass die vor allem mit den Rezepten mit Ei aufhören, die regen mich sehr auf. Dann denke ich generell an die Ernährungs- oder Kochzeitschriften, die es so gibt. Wenn dann von Vegetarismus berichtet wird, dann sollte auch mehr über Veganismus geschrieben werden. Ganz wichtig finde ich auch diese Sache mit dem Calzium. Diese "Calzium-Lüge" oder die "Milch-Lüge". Frauen, Osteoporose und so weiter. Das regt mich maßlos auf, diese Kampagne! Ich denke, dass die Milchindustrie dahinter steckt, und das finde ich eine Katastrophe. Ich denke, die "Vegetarian Times" aus Amerika ist da schon viel, viel weiter als wir. Für die heißt Vegetarismus Veganismus. Und die neuesten wissenschaftlichen Erkenntnisse, die es bezüglich Milch und Calcium gibt, werden in dieser Zeitschrift auch permanent veröffentlicht. Immer wieder. Ich beziehe die Zeitung seit Jahren und die sind immer gleich geblieben. Die schreiben das nicht nur einmal, sondern auch in der dritten und vierten Ausgabe kommt es dann wieder und wieder und wieder. Das ist für mich gute Aufklärungsarbeit.

I: Was denkst Du, warum Deutschland da noch nicht so weit ist?

Bella: Ich glaube, es liegt daran, dass uns das schon seit Jahrhunderten so eingebläut wird. Also die gesamte Milchwirtschaft, die wir hier schon immer hatten. Das ist einfach drin bei uns. Ich weiß nicht warum, aber Milch und Milchprodukte gehören zum Leben dazu. Und dass man die Tiere isst, das gehört auch mit dazu. Ich habe mich nie historisch damit befasst. Aber ich glaube, dass in dieser Gegend, in Mitteleuropa, die Menschen von ihren Gewohnheiten her schon immer so gelebt haben. Im Gegensatz zum Beispiel zu den Japanern, die mit dem Rindfleisch Essen erst sehr viel später angefangen haben.

I: Welche Möglichkeiten gibt es Deiner Meinung nach, den Veganismus in Deutschland gesellschaftsfähiger zu machen?

Bella: Die Kochzeitschriften hatte ich schon genannt. Ändern müssten sich auch die ganzen Kochsendungen, die im Fernsehen laufen. Von diesen Sendungen bin ich immer sehr enttäuscht, vor allem über die ganzen Gesundheitssendungen.

I: Kannst Du Dir vorstellen, dass die Pädagogik hier etwas verändern könnte?

Bella: Ja. Wenn ich mir vorstelle, dass zum Beispiel eine vegane Lehrerin etwas erzählen würde, da kann ich mir vorstellen, wie die Eltern darauf reagieren würden. Ich fände es optimal, wenn die Kinder in der Schule darüber etwas lernen würden. Ich kann es mir nur ehrlich gesagt nicht vorstellen, dass es möglich ist, das zurzeit zu realisieren.

I: Woran liegt das Deiner Meinung nach?

Bella: Am Widerstand der Eltern, die es ja auch nie anders gelernt haben und auch nicht lernen wollen. Wenn die hören, dass ihre Kinder solche Sachen erzählt bekommen, würde wohl die Mehrheit ausflippen.

I: Gibt es noch etwas, das Du gerne erzählen möchtest?

Bella: Ja. Veganismus und Haustiere, das ist auch ein großes Problem. Ich ernähre meine Tiere zum Beispiel nicht vegan und auch nicht vegetarisch. Katzen sowieso nicht, die müssen Fleisch haben. Bei Hunden ist es laut Literatur möglich. Aber ich mache es bei meinem Hund auch nicht, weil die einfach solch eine Freude am Fleisch Essen haben. Für mich ist es natürlich, dass sie Fleischfresser sind. Und der Mensch ist für mich nicht von Natur aus ein Fleischfresser. Meine Tiere kriegen einerseits amerikanisches Trockenfutter von ALMS-Company. Die haben direkt an ihren Fabriken große Hühnerställe für die Fleischproduktion. Und mir haben Tierärzte, die das besichtigt haben, erzählt, dass es den Hühnern da wohl gar nicht so schlecht geht. Allerdings waren das Fleischesser, die mir das erzählt haben. Meine Tiere kriegen dieses Hühnerfutter und Fleisch, das ich beim Biometzger kaufe. So Hühnerreste. Die werden dann nicht extra für mich geschlachtet. Was ich auch schon gemacht habe, war dass ich Putenkeulen bestellt habe. Und da wusste ich dann, dass die in den Tagen, in denen ich darauf gewartet habe, in meinem Auftrag geschlachtet wurden. Inzwischen habe ich die Hühnerreste. Aber das ist von einem Biometzger, von dem ich weiß, der gehört zum Tönis-Verband. Das ist ein anerkannter Verband von Biometzgern und Fleischerzeugern. Dort gehe ich davon aus, dass die Hühner wenigstens eine gewisse Zeit lang gut gelebt haben, bevor sie sterben mussten.

I: Wie reagieren Deine Freunde darauf, dass Du vegan bist? Du sagtest vorhin, dass es ein Problem ist, Essen zu gehen.

Bella: Meine Freunde wollen immer alles ganz genau wissen. Und sie machen sich immer schreckliche Sorgen, wenn sie mich einladen. Dann kommen vorher die Anrufe "Mensch, was soll ich denn für Dich kochen?" oder "Das musst Du mir schon sagen, was Du essen kannst." Vor allen Dingen der Satz "Was Du essen kannst". Ich habe oft das Gefühl, dass sie denken, ich mache es aus gesundheitlichen Gründen. Und dass ich fürchterlich krank würde, wenn sie mir Käse auftischen würden. *(Bella lacht)*

I: Wirst Du denn auch gefragt, ob Du das aus gesundheitlichen Gründen machst?

Bella: Ja.

I: Also kommt kaum jemand auf die Idee, dass Du es aus ethischen Gründen machst?

Bella: Nein.

I: Sind Deine Freunde auch Vegetarier?

Bella: Vegetarisch schon. Da habe ich ein paar Leute, die sehr interessiert daran sind aber es irgendwie nicht schaffen. Sie schaffen es nicht. Aber vegan auf keinen Fall, da kenne ich keinen.

I: Fehlt Dir der Austausch mit Veganern?

Bella: Eigentlich nicht, weil ich viel im Internet darüber lese. Das macht mir immer Spaß, diese ganzen Seiten durchzugucken. Ja, und dann habe ich die Zeitschrift "Vegetarian Times", die reicht mir auch. Aber der direkte Austausch, den habe ich eigentlich noch nicht vermisst, weil ich ihn gar nicht kenne. Ich bin immer die Einzige, die so ist und deshalb vermisse ich eigentlich auch nichts.

I: Ist das nicht sehr schwierig?

Bella: Nein, ich kann das mit meinen Geschwistern besprechen, die sind teilweise Lakto-Vegetarier. Da kann ich immer gut meinen Frust loswerden. Die verstehen das auch.

I: Sind sie durch Dich Vegetarier geworden?

Bella: Nein, die waren es schon von Kindheit an, teilweise auch aus Ekel vor Fleisch. Fleischbrühe oder so haben sie teilweise noch gegessen, aber teilweise auch nicht mehr. Aber vegan ist leider keiner von ihnen.

I: Was stört Dich am meisten an der Kritik aus Deinem Umfeld?

Bella: Was ich überhaupt nicht mag, sind zum Beispiel solche Leserbriefe wie in der Zeitschrift "Schrot & Korn". Da stehen mir oft die Haare zu Berge. Was ich auch nicht leiden kann, ist das Fanatische, also dieser Absolutismus, den es aber auch bei den normalen Vegetariern gibt. Ich fände es zwar wunderbar, wenn jeder Mensch Veganer wäre. Aber ich merke, dass man durch Angriffe nicht weiter kommt. Das erzeugt noch mehr Aggression. Was auch nervt, ist das teilweise Verschrobene. Also ich würde es jetzt nicht Esoterik nennen, sondern auch wieder in die gesundheitliche Richtung mit dem ganzen Fastenkrempel dazu. Und auf Fasten bin ich gar nicht gut zu sprechen. Oder alles, was so in die Richtung Müsli und Birkenstocksandalen geht.

I: Meinst Du damit auch die Rohköstler?

Bella: Ja, vor allem die Rohköstler! Ganz fürchterlich, diese Vegetarier. Fürchterlich! Und womit Du mich wirklich jagen kannst, das sind diese Grünkernbratlinge. Das muss ich mal loswerden! Mit Körnern et cetera habe ich nichts am Hut. Mich stört wirklich, dass man so leicht in diese Ecke Müsli und Birkenstocksandalen kommt, dass man verhärmt sei und keinen Spaß im Leben haben könnte. Dass man sich nichts gönnen oder auch keinen Alkohol trinken dürfe.

I: Es gibt ja viele Veganer, die auch auf Alkohol verzichten.

Bella: Ja, wegen dem Klären mit Eiweiß? Da habe ich mal so fürchterliche Sachen im Internet dazu gelesen.

I: Gibt es noch etwas, was Dir am Herzen liegt?

Bella: Ja, ich denke, dass es auch nicht nötig ist, in so viele Arzneimittel, mit denen ich täglich durch die Tierarzneimittel zu tun habe, Gelatine und Laktose rein zu tun. Ich denke, dass das nicht nötig ist. Ich denke, da stecken wieder massive Interessen der Industrie dahinter. Ein normales Veganerlein hat da keine Chancen, etwas zu verändern. Also für mich ist das Veganertum – das merke ich jetzt im Laufe des Gesprächs – eine sehr private Angelegenheit, weil ich mir aufgrund meiner Erfahrung nicht vorstellen kann, dass es hierzulande verbreitet werden könnte. Ich müsste vielleicht mal eine Zeit lang in England leben, denn ich denke, dass die in Hinsicht auf den Veganismus weltweit führend sind. Es wäre spannend zu sehen, wie die es schaffen und warum es dort in der Gesellschaft stärker verbreitet ist als bei uns.

I: Glaubst Du, dass das auch an den Veganern untereinander liegt, dass es hier in Deutschland nicht so verbreitet ist?

Bella: Dafür kenne ich zu wenige Veganer. Die Streitereien, die ich in Zeitschriften mitbekomme, finde ich schon sehr schlimm und schade um die Sache. Aber wie wir vorhin schon festgestellt haben: Vielleicht ist es ur-menschlich oder ur-deutsch, sich so zu verhalten. *(Bella lacht)*
Eine Sache fällt mir jetzt noch ein. Ich habe einen ganz sensiblen Neffen. Der ist jetzt gerade 12 Jahre alt geworden. Wenn dem was Böses widerfährt oder er etwas Trauriges sieht, dann kann er oft zwei bis drei Wochen nicht mehr schlafen. Der ist wirklich ein ganz sensibler Mensch. Und er war kurz davor, Veganer zu werden, obwohl ich nie mit ihm darüber gesprochen habe. Das hatte meine Schwester mir verboten. Als sie mitbekommen hat, in welche Richtung er sich entwickelt, hat sie mir verboten, mit ihm darüber zu reden...

I: Warum meinst Du, hat sie das gemacht?

Bella: Sie sagte, sie möchte nicht, dass er von mir schlimme Sachen erfährt. Das war ihr Hauptargument, dass er durch mich das Elend der Welt zu früh sehen würde und dass er das noch nicht verkraften könne. Natürlich habe mich daran gehalten. Ich rede grundsätzlich nicht mit ihm darüber. Und selbst wenn er mir Fragen stellt, warum ich keinen Käse esse, beende ich das Gespräch sehr schnell.

I: Vielen Dank für das Interview.

Neun Jahre später berichtet Bella (inzwischen 47 Jahre) folgendes:

Im Mai 2006 habe ich mein 11-jähriges veganes Jubiläum aus ethischen Gründen gefeiert! Es ist total verinnerlicht und wenn ich nichts veganes zu essen bekommen kann, wie auf Reisen oder manchmal während der Arbeit, dann esse ich eben nichts. Gesundheitlich geht es mir sehr gut, trotz eines sehr stressigen Lebens. Inzwischen bin ich Tierheimleiterin und treibe keinen Sport. Ich bin mit meinen 47 Jahren schlank und zur großen Verwunderung meiner Ärzte total gesund.

Vor einigen Jahren hatte ich einen Vitamin-B12-Mangel, der ein Zufallsbefund war. Da ich nach den schmerzhaften intramuskulären Spritzen keine Lust mehr darauf hatte, lasse ich mir inzwischen B12-, B6- und Folsäure-Tabletten aus Großbritannien schicken.

Ich habe einen Fleisch essenden Ehemann. Das Fleisch muss er sich aber selbst kaufen und zubereiten, deshalb isst er es nur sehr selten. Zudem habe ich vier Fleisch essende Tiere. Ich versuche, die Tiere nur mit Ökofleisch und Milchprodukten zu ernähren, aber leider boykottieren die Tiere oft das reine Fleisch und verlangen die schrecklichen Futtersorten aus dem Supermarktregal. Die Tiere sind alle aus dem Tierheim und auf das schlimme Futter getrimmt.

Meine Umwelt ignoriert mein Veganertum fast vollkommen. Ich rede fast nicht mehr darüber, was glaube ich ziemlich irritiert, und ich habe immer noch den Eindruck, dass ganz viele sofort ein schlechtes Gewissen haben, wenn sie erfahren, dass ich Veganerin bin. Wenn sie mir Fragen stellen, antworte ich gerne und gebe auch Tipps zu Webseiten.

Zweimal im Jahr mache ich zuhause große Partys, wo es nur veganes Essen gibt. Die Fleisch essenden Gäste sind immer begeistert. Ich kenne sehr viele Menschen, vor allem aus dem Tierschutzbereich, und bin erschüttert, wie wenige von ihnen Vegetarier sind. Ich kenne bisher nur vier Veganer!

Also, ich kann mir keinen Grund vorstellen, das vegane Leben aufzugeben!

4. Die haben nichts verstanden
(Boris, 22, Fachschüler)

I: Hallo Boris! Schön, dass Du Zeit hast. Wie wurdest Du vegan?

Boris: Das ging parallel mit einem Freund und meinem Bruder zusammen, wobei ich mit dem Freund eine intensivere Beziehung in der Zeit hatte, also vom gedanklichen Austausch her.

I: Wann war das?

Boris: Das ist jetzt etwa fünf Jahre her. Mein bester Freund hatte früher schon mal aufgehört, Fleisch zu essen, hat dann aber wieder angefangen. Dann sind wir beide und auch mein Bruder darauf gekommen, dass wir einfach kein Fleisch mehr essen wollen. Wir wollten keine Tiere mehr für unser Essen töten lassen. Zu der Zeit hatten wir aber noch keine Ahnung vom Vegetarismus. Ich hatte aber eine Tante, die sich vegetarisch ernährte und von der ich mir dann erstmal Gesundheitsbücher ausgeliehen habe. *(Boris lacht)*

I: Eine Tante von Dir war also Vegetarierin?

Boris: Na ja, zu der Zeit habe ich das noch als vegetarisch akzeptiert. Sie isst Fisch, von daher ist sie nach meinem jetzigen Verständnis keine Vegetarierin. Auf jeden Fall hatte sie Fachbücher. Da habe ich mir ein Buch über Fleisch ausgeliehen, über die gesundheitlichen Faktoren und so. Und dann habe ich angefangen zu lesen und festgestellt, dass Fleisch ungesund ist. Dann bin ich auf verschiedene Themen gekommen wie die gesundheitlichen Aspekte und habe angefangen, mit einem Freund politische Arbeit in dem Bereich zu machen. Wir haben zum Beispiel aus diesem Fleischbuch die Grundsatzthesen heraus geschrieben, daraus eine Info-Broschüre gemacht und die verteilt. Wir haben gedacht, wir hätten die Wahrheit erkannt. So, als ob plötzlich der Schleier vor den Augen weg gefallen sei. Und wir haben angefangen, im Freundeskreis wilde Diskussionen über den Vegetarismus zu führen. Für uns war das einfach klar, dass das super wichtig ist und deshalb haben wir versucht, das durchzudrücken und gesagt: "Das ist scheiße, was ihr macht, und ihr müsst aufhören!"

I: Ging es Euch damals eher darum, dass Fleisch ungesund ist oder darum, dass Tiere leiden?

Boris: Dass die Tiere leiden war immer der Hauptpunkt. Das Andere war nur ein Aspekt, der nebenbei existierte. Es ging aber immer um die Tiere. Es gab dann wilde Diskussionen im Freundeskreis, und nach und nach sind immer mehr Leute Vegetarier geworden, die am Anfang noch gesagt hatten, dass das Blödsinn sei. Und dann habe ich in den Ferien eine Frau kennengelernt, die dann auch vegan geworden ist und mir eine Menge Information über den Veganismus zukommen ließ.

I: Was passierte da genau?

Boris: Also, mit der Frau habe ich zuerst nur telefoniert. Da hat sie mir erklärt, warum sie vegan geworden ist. Alles wegen der Tiere, der Tierausbeutung in der Milchindustrie und so weiter. Sie hat mir auch Info-Material geschickt. Das fand ich alles so toll, dass ich dann auch angefangen habe, vegan zu leben.

Zu der Zeit war es auch so, dass wir die viele Diskussionen über Vegetarismus bei uns in der Stadt hatten. Dann ging alles sehr schnell. Es war kaum ein halbes Jahr vorbei, seitdem ich Vegetarier war, als ich vegan geworden bin. Die Leute haben das überhaupt nicht verstanden. Es gab welche, die Vegetarier geworden sind. Und es gab welche auf dem Weg dorthin. Und es gab welche, die immer noch in totaler Protesthaltung dagegen standen. Ich hatte dann auch, kurz nachdem ich vegan geworden bin, Kontakt zum Ruhrgebiet, zu der dortigen Tierrechtsbewegung. Da habe ich mir Info-Material von verschiedenen Gruppen schicken lassen, von der VOR[12] und so. Ich habe zu der Zeit auch antifaschistische Arbeit betrieben und dann in die Antifa-Gruppen vegane Ansätze eingebracht. Das fanden alle ziemlich interessant.

I: Lebte Dein Bruder zu dem Zeitpunkt auch schon vegan?

Boris: Nein. Der ist ein halbes Jahr später vegan geworden. Und kurze Zeit später auch der Freund, mit dem ich gemeinsam Vegetarier wurde. Von da an bin ich immer mehr mit der Tierrechtsbewegung zusammen

[12] VOR: Vegane Offensive Ruhrgebiet, eine regionale Tierrechtsorganisation

gekommen und als wir genug Leute waren, haben wir eine Tierrechtsgruppe aus Tierrechtlern und Vegetariern gegründet.
Damals gab es auch das UTUM. Das hieß "Unabhängige Tier- und Menschenrechtler", existierte ungefähr zwei bis drei Jahre und hat sich dann immer mehr mit den Strukturen im Ruhrgebiet vernetzt. Zum Ruhrgebiet haben wir immer am meisten Kontakt gehabt. Also am meisten Kontakt gab es zu der VOR. Die Gruppe "die ratten"[13] die hat man auf Aktionen getroffen und kennengelernt. Ich kenne, glaub ich, schon recht viele aus der Tierrechtsbewegung in Deutschland. Das ergibt sich automatisch: Man ist auf Aktionen, kennt den, kommt mit dem ins Gespräch und so weiter.

I: Was bedeutet der Veganismus für Dich?

Boris: Also für mich ist Veganismus eine eigenständige Idee. Es ist für mich ein eigenständiger Lifestyle. Das geht für mich in alle Bereiche hinein. Das hat erstens was mit meiner Ernährung zu tun, aber auch mit meinen Gedanken, mit meiner politischen Arbeit und mit meinen politischen Gedankenausrichtungen. Veganismus ist ja nicht das Einzige, es gibt ja verschiedene Sachen im politischen Bereich, die eine Gesellschaft ohne Herrschaft anstreben, also ohne Herrschaft über anderes Leben. Das ist alles ein Kreislauf, ob Mensch oder Tier. Der Veganismus ist für mich eine Konsequenz, die sich daraus ergibt, keine Macht über Tiere ausüben zu wollen. Ich denke, dass ein Tier ein Lebewesen ist, das das gleiche Recht auf ein selbstbestimmtes Leben hat wie der Mensch.

I: Der Veganismus bezieht sich bei Dir also nicht nur auf die Ernährung?

Boris: Nein, auch auf Bekleidung, in denen tierische Produkte enthalten sind.

I: Wie reagiert Deine Umwelt darauf, dass Du Veganer bist?

Boris: Größtenteils denke ich, dass es was damit zu tun hat, wie man persönlich damit umgeht und wie man es nach außen trägt. Ich erzähle zum Beispiel sehr gerne, dass ich vegan bin. Allein um damit ins Gespräch zu kommen und über Veganismus diskutieren zu können.

---

[13] die ratten: Tierrechtsorganisation

Ein Mensch hat ja das Bedürfnis, selbst über sich zu bestimmen, auch wenn es manchmal ein bisschen fadenscheinig ist. Man kann zum Beispiel nicht – wie wir früher immer versucht haben – zu einem Menschen hingehen und sagen: "Du musst jetzt vegan werden, weil Fakt, Fakt, Fakt", sondern muss sich darüber unterhalten können, erzählen und Informationsmaterial geben und das Interesse wecken. Man kann unterstützend wirken, aber man kann nicht bestimmen.

I: Wie haben Deine Eltern darauf reagiert, als Du vegetarisch wurdest?

Boris: Da mein Bruder ja auch Vegetarier geworden ist, lief es zwangsläufig darauf hinaus, dass sich meine Mutter irgendwann auch damit auseinander setzen musste. Und da ich in solchen Sachen eigentlich immer recht radikal war, habe ich mal spaßeshalber die Lebensmittel, die mir nicht gefallen haben, aus dem Kühlschrank genommen und aus dem Fenster geworfen. Meine Mutter ist dann auch kurze Zeit später Vegetarierin geworden. *(Boris lacht)*

I: Durch Dich und Deinen Bruder?

Boris: Ja, ich denke, dass wir ihr die Ansatzpunkte geliefert haben, so dass sie sich damit auseinander gesetzt hat. Wir hätten unsere Mutter nie dazu zwingen können, aber sie hat es dann doch angefangen und zieht es bis heute durch.

I: Und als ihr vegan wurdet?

Boris: Als ich Veganer geworden bin, hat sich meine Mutter natürlich am Anfang ein bisschen Gedanken gemacht, aber dann hat sie sich auch Gesundheitsbücher durchgelesen und sich überlegt, ob sie nicht auch vegan leben soll.

I: Wie war es im Freundeskreis und in der Schule?

Boris: Bei uns im Freundeskreis fing es so an, dass immer mehr Leute Vegetarier geworden sind und ein paar vegan; ein paar auch nicht. Von denen ist man dann nach und nach immer weiter weg gekommen. Es gab halt die Leute, die sich mitentwickelt haben und mit denen hatte man immer mehr Kontakt. Im heutigen Freundeskreis ist es so, dass ich eigentlich nur noch zu Veganern und Vegetariern Kontakt habe.

I: Und wie ist das in Deiner Wohngemeinschaft? Oder wenn Du unter Nicht-Veganern und Vegetariern bist?

Boris: Mit den Leuten hier habe ich eigentlich nichts zu tun. Aber ich finde es eklig, dass ich mir mit Fleischessern den Kühlschrank teilen muss. Bei manchen Leuten mache ich mir die Mühe, mich mit ihnen auseinanderzusetzen, wenn ich merke, dass da eine gewisse Resonanz ist. Aber bei manchen Menschen muss man schon ein bisschen abwägen, wie viel Energie man aufwendet. Natürlich wissen hier alle, dass ich vegan lebe, weil ich das – wie gesagt – schon gerne preisgebe, um überhaupt erstmal ins Gespräch zu kommen und zu gucken, wie weit die daran interessiert sind und ob man denen Informationsmaterial geben kann. Bei den Leuten hier ist es so, dass ich mit ihnen eigentlich nicht viel zu tun habe.

I: Gibt es sonst Probleme mit anderen Menschen?

Boris: Nein. Für manche Menschen bin ich so ein Außerirdischer. Aber je mehr sie sich dann mit mir auseinander setzen, um so mehr merken sie, dass auch mehr dahinter steckt, als eine scheinbar kurzfristige Spinnerei. *(Boris lacht)*

I: Fühlst Du Dich auch manchmal selbst als Außerirdischer?

Boris: Ich wäre es gerne. Wenn ich dann einen Planeten hätte, der vegan wäre und ich so zurück reisen könnte, dann wäre ich gerne ein Außerirdischer. Dann würde ich aber auch nicht hier sein, glaube ich. Doch, vielleicht, natürlich, um politische Arbeit zu leisten. Du lebst ja eigentlich im Zwiespalt: Einerseits musst Du Dir immer bewusst machen, wie Tiere ausgebeutet, unterdrückt und ermordet werden, auch um politisch arbeiten zu können und es nicht einfach zu verdrängen. Andererseits verdrängst Du es teilweise, weil Du sonst daran kaputt gehen könntest, wenn Du Dich tagtäglich damit auseinander setzten würdest.

Ich war zum Beispiel mal auf einer Fachschule für Ernährung und Hauswirtschaft und da gehörte es zum Unterrichtsplan, dass wir zwei Mal in der Woche kochen. Es gab für diesen Kochunterricht auch einen Unterrichtsplan, bei dem verschiedene Themen durchgenommen wurden, eigentlich grundsätzlich mit Fleisch und anderen tierischen Produkten. Ich habe von Anfang an mit meiner Lehrerin ein Gespräch darüber geführt, dass ich vegan bin und diese ganzen Produkte ablehne. Und sie hat gesagt, dass das O.K. sei. Sie hat dann zwar ein

Mal im Jahr versucht, mich dazu zu bewegen, dass ich wenigstens mit Milch- und Eiprodukten die Prüfung mache. Das habe ich aber nicht. Manche wollten mich sogar bei der Lehrerschaft deswegen anschwärzen, weil ich mich da mit meinen veganen Gedanken so "durchschnorren" würde. Weil ich dem Unterrichtsplan überhaupt nicht Folge leisten würde und trotzdem den Abschluss bekäme für eine Sache, die ich gar nicht machen würde. Und nach dem Jahr hat die Schule eine Schrift herausgebracht, das jeder, der eine andere Ernährungsform vertritt, trotzdem dem Lehrplan Folge leisten muss. Nach dem Jahr war halt Schluss.

I: Hast Du Schwierigkeiten, vegane Produkte zu bekommen?

Boris: So ein veganer Shop hier um die Ecke wäre natürlich schon toll, obwohl diese Sachen mehr Leckereien sind. Sojapudding oder so etwas bekommt man auch in Bioläden, das ist aber alles sehr teuer. Ich habe mal ein Jahr mit Rohkost gelebt, seitdem lebe ich immer noch zu 75 Prozent von Obst und Gemüse. Ich richte meine Ernährung schon ziemlich nach naturbelassenen Sachen aus. Und Obst und Gemüse kriegt man eigentlich überall.

I: Wie ist das mit Schuhen?

Boris: Ganz am Anfang habe ich die ersten zwei bis drei Jahre nur "Chucks" getragen, weil ich keine anderen Leinenschuhe kannte, die lederfrei sind. Jetzt reagieren auch Skater-Firmen und bringen vegane Schuhe raus, bei denen das Material inklusive dem Kleber vegan ist. Die Marke "Air Walk" hat, glaube ich, sogar die erste Serie mit veganen Schuhen rausgebracht. Das waren Leinenschuhe, aber es gab sie auch schon als Kunstlederschuhe. In England ist das natürlich schon weitaus fortschrittlicher, was den Veganismus betrifft. Da gibt es auch in den Supermärkten grundsätzlich Produkte, die mit vegan oder vegetarisch deklariert sind, was es hier nicht gibt.

I: Wie arrangierst Du Dich damit?

Boris: Sachen, bei denen ich nicht 100-prozentig weiß, ob sie vegan sind, die esse ich einfach nicht. Ich esse zum Beispiel auch keinen Zucker, wodurch auch viele Produkte wegfallen. Das ist von mir so gewählt, weil ich versuche, einen gesundheitlichen Aspekt mit rein zu bringen und so konsequent wie möglich zu leben. Junk-Food lehne ich ab.

I: Warum bleibst Du trotz vieler Probleme Veganer?

Boris: Für mich ist das gar keine Frage, sondern ein Lebensentschluss und ich könnte, glaube ich, nicht einfach damit aufhören, weil mir einfach bewusst ist, was mit Tieren passiert, wenn ich diese Produkte konsumieren würde. Das hat für mich auch nichts mit Disziplin zu tun, sondern ist ein tägliches Leben geworden. Mit Bekleidung, das könnte noch weitaus besser werden. Und mit der Ernährung wäre es auch toll, wenn man mehr vegetarische Restaurants und so eine Kultur schaffen könnte, so dass man besser und leichter in Supermärkten an Produkte kommt. Aber grundsätzlich ist es für mich keine Frage, auch nicht vom Schwierigkeitsgrad her, weil für mich einfach feststeht, dass ich vegan leben will. Früher, als ich damit angefangen habe, da war es so, dass ich überhaupt nichts über Veganismus wusste. Da habe ich nur Brot mit Rübenkraut gegessen, weil ich dachte, Marmelade sei nicht vegan, und weil ich das Geliermittel Pektin nicht kannte. Das war nicht so gesund, wie ich da gelebt habe. *(Boris lacht)*

Aber es war mir einfach egal, weil für mich die Konsequenz einfach feststand. Wenn man eine politische Überzeugung hat, dann gehören auch die Konsequenzen dazu, weil es sonst ja eine Lüge ist.

I.: Ist es für Dich jetzt eher eine politische oder ethische Entscheidung vegan zu leben?

Boris: Das kann man nicht voneinander trennen. Ich umschreibe es mit Politik, aber es ist für mich einfach eine Frage des Mitgefühls. Ich kann einfach nicht anders, weil ich weiß oder weil ich kennengelernt habe, dass Tiere leiden und fühlen, und dass sie Schmerz empfinden, wenn sie gequält, ausgebeutet und getötet werden. Von daher ist es ganz klar, dass ich auch weiterhin vegan lebe. Ich sehe aber auch keine Veranlassung, warum ich jemals damit aufhören sollte, vegan zu leben.

I: Was denkst Du, müsste passieren, damit Veganern der Einstieg leichter fällt?

Boris: Das ist eine grundsätzlich gesellschaftliche Frage, weil die Leute in dieser Gesellschaft so medienabhängig sind. Das heißt, dass die Leute einfach anfangen müssten, selber zu denken. Es müssen neue Strukturen geschaffen werden, mit denen die Leute überhaupt zum

Denken kommen. Das ganze System, in dem die ganzen Leute nur noch arbeiten und konsumieren. Dass sie sich aufrappeln und darüber nachdenken. Es hat auch viel damit zu tun, wie viele Leute vegan leben, um überhaupt etwas im Markt bewegen zu können, so dass in den Supermärkten endlich mehr angeboten wird.

Das Wichtigste ist für mich persönlich, dass ich versuche, Aktionen durchzuführen, bei denen ich Menschen auf die Problematik aufmerksam machen kann, so dass sich mehr Leute dazu entscheiden, vegan zu leben, so dass das alles mehr und mehr ins Rollen kommt. Ich gehe davon aus, dass die Leute größtenteils einfach unwissend sind, was mit den Tieren passiert.

Natürlich ist es für mich immer schmerzhaft, diese Erfahrung, sich mit Leuten auseinander zu setzen, die es einfach nicht verstehen wollen. Und wenn ich mir wieder diese Konsequenz bewusst mache, was mit Tieren passiert, dann fühle ich mich manchmal schon ziemlich beschissen, dass es nicht schneller voran geht. Und dann will man schon wieder zu den Leuten hingehen und sagen: "Du musst jetzt vegan leben, weil es den Tieren so schlecht geht. Jetzt mach' doch endlich mal die Augen auf!" Aber leider geht es nicht so schnell. Das ist der größte Konflikt, der mich bewegt. Meine innerliche Stärke, dass ich das überhaupt durchhalte, diesen Konflikt zwischen Konsequenz und Zeit. Das ist das Schwierigste.

I: Und was hätte Dir am Anfang helfen können?

Boris: Für mich ist es meistens so, dass ich Sachen für mich persönlich entscheide und es gar nicht so abhängig davon mache, was um mich herum passiert. Für mich ist es einfach ein persönlicher Entschluss gewesen. Und selbst wenn alle Leute aufhören würden vegan zu leben, würde ich immer noch keinen Grund sehen, warum ich damit aufhören sollte. Ich meine, umso mehr Veganer es gibt, umso leichter kann man an vegane Lebensmittel kommen.

I: Könntest Du Dir vorstellen, wieder vegetarisch zu leben?

Boris: Nein. Das auf keinen Fall. Ich meine, ich kann mir viele Sachen vorstellen, die mein Leben in dem Bereich verschönern könnten, zum Beispiel, dass man viele Leute kennt, die vegan leben und man mit denen in einem kleinen Dorf zusammen lebt. Da würde ich am glücklichsten sein.

I: Boris, ich bedanke mich für das Gespräch.

Neun Jahre später berichtet Boris (inzwischen 30 Jahre) folgendes:

Ich gehe jetzt in das 15. Jahr meiner veganen Lebensweise. Es hat sich seit dem zuletzt geführten Interview einiges verändert. Veränderungen, die mein politisches Engagement betreffen und da dieses als meine damalige Rahmenbedingung anzusehen ist, Veränderungen in beinahe allen Bereichen. Und doch gibt es eine Konstante zu dem damaligen Gespräch, nämlich, dass ich Veganismus als einen unverzichtbaren Bestandteil meiner Person ansehe.

Ich habe mich nach vielen Jahren der politischen Arbeit, aus persönlichen Gründen und politischer Abwägung, aus dieser zurückgezogen. Zum einen stieg die Belastung, die durch die politische Arbeit auf mich ausgeübt wurde, so stark an, dass sie ab einem bestimmten Punkt zur Überlastung wurde. Zum anderen überwuchsen die Querelen innerhalb der noch verbliebenen Szene die eigentliche Arbeit. Die mitwirkenden Personen begriffen sich untereinander nur noch selten als Mitstreiter einer gemeinsam angestrebten Idee, die sich untereinander und gegenseitig ermutigen und stützen sollten. Die damalige Tierrechtsszene hat sich mit fortlaufender Zeit durch ihren starken moralischen Druck und kleingeistigen Dogmatismus selber zersetzt und aufgefressen und wurde für mich nicht weiter tragbar.

Mit dem Ausstieg aus der aktiven Politik versuche ich meine Interessen durch den gewonnenen Abstand neu zu reflektieren und auszurichten. Viele damalige Freunde hatten bereits aufgehört, sich vegan zu ernähren, andere waren noch aktiv, und zu beiden Kreisen hatte sich der Kontakt langsam verloren. Der Freundeskreis veränderte sich und besteht mittlerweile wahrscheinlich mehr aus fleischkonsumierenden Menschen als aus Vegetariern und Veganern. Das heißt, dass es für mich nicht mehr zum Kriterium eines menschlichen Umgangs gehört, ob sich jemand dafür oder dagegen entscheidet.

Weiterführend möchte ich sagen, dass sich mein Umgang mit meinem damaligen Stiefvater zum Veganismus zu einem freundschaftlichen Verhältnis verschoben und erweitert hat. Ich habe die alte Verbissenheit gegen einen sanftmütigeren Umgang ausgetauscht. Ich nutze zum Beispiel mittlerweile auch Kosmetik aus dem herkömmlichen Handel und lehne Wollprodukte nicht mehr gänzlich ab. Ich muss diese Abweichungen mit mir ausmachen, abwägen; immer wieder auf's Neue, und erhalte mir damit einen für mich gesunden und frischen Umgang zu diesem Thema.

Zusammenfassend hat sich meine vegane Lebensweise mehr in den Alltag eingefügt und stellt dadurch heute eine Bereicherung statt eines gewollten Hindernisses dar. Die wichtigste Veränderung jedoch, die auch mit tragend für alle weiteren Veränderungen war, ist, dass ich dazu übergegangen bin, Veganismus als eine rein persönliche Entscheidung anzusehen, so dass ich mich in meinem Fall nur noch sehr selten mit der Umwelt befasse oder aktiv auf sie zugehe. Ich bin natürlich aufgrund meiner Person ein Politikum, doch nicht mehr in der Rolle des Missionars, sondern eher in der Rolle eines Denkmals, das für bestimmte gedachte und auf sich selbst angewandte Ideen steht.

Für mich gibt es zwei Motivationsstränge, die das Gerüst meiner veganen Überzeugung bilden. Der Erste, den ich erläutern möchte, ist "Veganismus als Politikum": Ich lebe innerhalb einer Gesellschaftsform, die es mir ermöglicht, Entscheidungen bezüglich meiner Ernährung zu treffen. Das heißt, ich bin von außen ausreichend versorgt, um mich in der privilegierten Position zu befinden, mich gegen oder für eine fleischliche Ernährung zu entscheiden. Zum Zweiten lebe ich in einer Gesellschaftsform, die sich nach Profit maximierenden Kriterien ausrichtet, was dazu führt, dass Tiere in Massentierhaltung gemästet und geschlachtet und dabei von ihrer Art als Lebewesen zu einem Produkt heruntergestuft werden, wobei von der Industrie versucht wird, den letzten Cent aus diesem Produkt herauszupressen, ohne sich um die Bedürfnisse eines Lebewesens zu kümmern. Dies birgt für mich die Verantwortung, Widerspruch gegen diese Praxis einzulegen. Veganismus soll für mich ein praktischer Protest gegen diese Praxis der Tierindustrie sein, er soll den Status des Tieres als Produkt anprangern und zu einem Umdenken oder der Bewusstmachung führen, Tiere als Lebewesen anzuerkennen, mit – oder gerade wegen ihrer Bedürfnisse.

Der Zweite ist "Veganismus als eine persönliche, empathische Entscheidung": Ich habe aus meinen Beobachtungen und meinen Beziehungen mit Tieren bei ihnen emotionale Regungen erfahren, die mich veranlasst haben, auf tierische Produkte zu verzichten – als eine Konsequenz, um das mit der Gewinnung dieser Produkte verbundene Leid nicht eingehen zu müssen. Ich fühle mich empathisch zu nah mit Tieren verbunden, als dass ich mich, ohne selbst darunter leiden zu können, an ihnen in zweiter oder dritter Person vergehen könnte. Das heißt, dass ich zu sehr die Angst und den Lebenswillen des Tieres, zum Beispiel während einer Schlachtsituation, mitempfinden kann, so dass ich den Fleischverzehr oder den Konsum anderer tierischer Produkte um diesen Preis vor mir selbst nicht rechtfertigen kann.

5. Keinen, mit dem ich reden konnte (Hans, 32, Frührentner)

I: Hallo Hans. Ich freue mich Dich zu treffen. Wie wurdest Du vegan?

Hans: Vegan wurde ich, als ich das Buch "Ernährung für ein neues Jahrtausend"[14] gelesen habe. Vorher war ich ein paar Jahre lang Ovo-Lakto-Vegetarier und habe gedacht, wenn man der Kuh die Milch abzapft, das macht ihr nichts aus. Und dem Ei tut es auch nicht weh, wenn man es in die Pfanne haut. Ich habe dann aber in dem Buch gelesen, dass das doch nicht so ist. Da steht alles ganz genau drin. Und außerdem steht drin, dass es gesünder ist. Ich hatte immer ein bisschen Angst davor, dass ich einen Vitamin B12-Mangel bekomme. Und dann habe ich mir gesagt: "Ja, gut, jetzt mache ich es!"

I: Wie bist Du zuvor Vegetarier geworden?

Hans: Durch die ganzen Sachen, die da im Fernsehen liefen. Irgendwann konnte ich es einfach nicht mehr ertragen.

I: Also aus einem ethischen Beweggrund heraus?

Hans: Ja. Das war in erster Linie ein ethischer Grund. Mittlerweile zwar auch ein gesundheitlicher, aber das kam erst viel später. Vorher habe ich zwar auch schon ein paar Mal was über Tiere gesehen und gedacht: "Das ist ein Skandal!", aber trotzdem so weiter gemacht wie bisher. Du denkst vielleicht, das ist nur einmal so schlimm, oder so etwas. Und man weiß ja auch nicht, was man machen soll. Ich hatte keinen, mit dem ich darüber reden konnte. Aber irgendwann konnte ich es einfach nicht mehr. Da habe ich ein paar schlaflose Nächte gehabt und erstmal angefangen, von bestimmten Dingen weniger zu essen. Irgendwann war ich das einfach leid. Dann haben sie wieder so was gezeigt, und da habe ich gesagt: "Jetzt habe ich die Schnauze voll! Jetzt gibt es gar nichts!" Und dann habe ich gesagt: "Jetzt esse ich kein Fleisch mehr."

I: Wie bist Du zu dem Buch "Ernährung für ein neues Jahrtausend" gekommen?

---

[14] John Robbins (1996): Ernährung für ein neues Jahrtausend

Hans: Das habe ich beim Vegan-Versand gekauft.

I: Als Vegetarier hattest Du bereits Kontakt zum Vegan-Versand?

Hans: Ja, richtig. Erst bin ich bei "Animal Peace" gelandet, Animal Peace International, obwohl ich eigentlich zu einer anderen Gruppe wollte. Ich hatte aber große Schwierigkeiten, überhaupt an so eine Adresse zu gelangen. Dann war die Silke R.[15] ein paar Mal im Fernsehen und da stand "vegan" drunter, aber keine Organisation. Und irgendwann war ich ganz froh, als ich da mal "Animal Peace" las. Die kannte ich gar nicht. Und so bin ich erstmal bei denen gelandet. Dann habe ich einen Film gesehen, da war dieser Markus S.[16] vom "Bundesverband der Tierbefreier", dann habe ich darüber Kontakt aufgenommen und mir die Zeitung bestellt. Darin stand Anzeige vom Vegan-Versand. Als ich den Katalog vom Vegan-Versand bekommen habe, habe ich mir das Buch direkt bestellt. Als ich das gelesen hatte, da war es dann soweit. *(Hans lacht)*

I: Und wann wurdest Du Vegetarier?

Hans: Vegetarier wurde ich im Jahr 1992.

I: Und vegan?

Hans: Vegan? Das war Ende 1995.

I: Was bedeutet Veganismus für Dich?

Hans: Man kann es extrem und in einem kleineren Rahmen sehen. Vor allem bedeutet es, dass man lebt, ohne sich an der Tierausbeutung zu beteiligen. Also, keine Tierprodukte zu verwenden, egal in welcher Art und Weise. Man kann aber auch ein bisschen weiter gehen. Dass man sagt, man lebt auch möglichst gesund. Weil das eigentlich auch dazu gehört. Denn wenn man krank wird, braucht man Medikamente und die werden in Tierversuchen getestet. Da ist Gesundheit eben sehr wichtig. Das vergessen die meisten Veganer. Es gibt sehr, sehr viele Veganer, die rauchen. Und die meisten wollen ja auf nichts verzichten. Die wollen nur Fleisch durch Sojaprodukte ersetzen. Die leben genauso weiter und ersetzen das Fleisch dann nur durch etwas Anderes. Das ist eigentlich noch ungesünder, als so weiter zu leben

---

[15] Silke R. ist die Vorsitzende des Vereins "Animal Peace"

[16] Markus S. war der ehemalige Vorsitzender des Vereins "die Tierbefreier e.V."

wie bisher. Aber viele interessieren sich nicht für die Gesundheit. Dabei ist das für mich ein genauso wichtiges Thema wie der Tierschutz oder das Tierrecht. Umweltfreundlich zu leben gehört meiner Meinung nach auch dazu. Das kommt ein bisschen zu kurz, denn durch die Umweltzerstörung leiden auch eine Menge Tiere. Nur, wenn man das alles konsequent machen würde, dann könnte man fast gar nichts mehr machen. Dann müsste man extreme Askese betreiben und das schafft natürlich keiner. Das Wesentliche ist nur, dass man keine Tierprodukte verwendet, egal welcher Art, und möglichst auch keine Produkte von Firmen kauft, die Tierausbeutung betreiben. Das ist natürlich auch schwierig.

I: Geht es Dir denn in erster Linie um die Tiere oder um Deine Gesundheit?

Hans: Beim Veganismus geht es mir in erster Linie um die Tiere. Und dazu gehört auch die Gesundheit, aber nicht in erster Linie. Es gibt ja auch Leute, die sich nur aus gesundheitlichen Gründen vegan ernähren. Aber das sind ja keine Veganer, weil die zum Teil auch Lederschuhe tragen. Das sind oft Rohköstler. Das erlebt man auch sehr häufig, dass die sich durch Rohkost ernähren, aber Lederschuhe tragen.

Eigentlich muss man da noch einen Schritt weiter gehen. Es reicht auch nicht, dass man nur sagt: "Ich lebe vegan." Eigentlich muss man aktiv werden. Und dann kann man sich "Tierrechtler" nennen.

I: Wie hat Deine Umwelt auf die Veränderungen bei Dir reagiert?

Hans: Na ja, erstmal haben sie natürlich ein bisschen blöd geguckt und waren erstaunt. Die haben es nicht ernst genommen, dass ich jetzt gar kein Fleisch mehr essen will. Sie haben gefragt: "Wie lange willst Du das denn machen?" und "Was willst Du damit erreichen?" Teilweise wurde das als Kinderei abgetan, es wurde lächerlich gemacht. Als sie dann irgendwann merkten, dass ich es ernst meine, haben sie mich noch ein bisschen geärgert und "aber davon stirbt man doch nicht" und solche Sachen gesagt. Damals habe ich noch bei meinen Eltern gegessen und meine Mutter sagte, sie könne nicht vegetarisch kochen. Aber dann haben wir die Sachen im Reformhaus entdeckt. Je veganer ich wurde, umso schwieriger wurde es dann und irgendwann habe ich mir das Essen selber gemacht. Das ging dann nicht mehr, es gab dann nur Probleme. Man kann auch nicht immer eine Extrawurst für jemanden braten, das ist auch so eine Sache.

I: Kannst Du das genauer erläutern?

Hans: Na ja, ich wollte immer weniger das essen, was die aßen. Wenn man nur das Fleisch nicht isst, O.K., dann bekommt man etwas Anderes. Aber wenn Du sagst, Du willst keine Milch mehr essen, Du willst Soja essen und denen schmeckt das nicht, dann ist es natürlich ärgerlich. Ich kann nicht verlangen, dass sie das auch essen nur weil ich von heute auf morgen Veganer werde. Und sie können auch nicht für zwei Leute gleichzeitig kochen, das nervt dann auch. Dann nervt man sich ständig und es gibt nur Streitereien. Das ist zum Beispiel auch bei Naturkost so. Der Eine, der isst meinetwegen Natur-Produkte aus dem Naturkostladen und der Andere will das nicht. Dann gibt es auch Streit, obwohl das gar nichts mit vegan zu tun hat. Allein dadurch, dass ich etwas Anderes esse. Das waren dann die Probleme, in erster Linie beim Kochen. Wenn man sein eigenes Essen macht, gibt es die Probleme nicht mehr. Das ist immer so ein Problem, wenn man in der Familie mit anderen Leuten zusammen isst. Das funktioniert nicht, da gibt es nur Ärger. Und das nervt natürlich auch, weil die ihr Essen essen wollen und da so ein Miesepeter sitzt und sagt: "Das esse ich nicht und das und das und das..." und dann muss man ständig was Anderes noch dazu machen. Und das hat dann irgendwann nicht mehr funktioniert. Irgendwann wurde das zuviel.

I: Und wie haben Deine Geschwister reagiert?

Hans: Die haben es nicht kapiert. Die eine, die lebt aus gesundheitlichen Gründen vegetarisch. Aber diese ganze Ethik, die interessiert sie eigentlich nicht so sehr. Interessieren zwar schon, aber für die ist das Gesundheitliche wichtiger. Ihr Mann ist da ein bisschen anders. Der hat zum Beispiel erstmal gefragt, warum ich das mache, also ob aus ethischen oder aus gesundheitlichen Gründen. Der ist eigentlich ganz in Ordnung. Die andere Schwester kam zu mir und fragte: "Fällt Dir das schwer? Wie willst Du das denn machen?" Das ist auch ein Zeichen, dass sie überhaupt nicht kapiert hat, um was es mir überhaupt ging. Einmal sagte sie zu mir: "Vor Dir kannste aber wirklich den Hut ziehen!" Was willst Du auf so was sagen? Ich mache das doch nicht, damit andere den Hut vor mir ziehen müssen; ich bin doch keine Mutter Theresa oder so was. Das hat mir übrigens auch mal einer gesagt: "Das ist ja fast wie Mutter Theresa." (*Hans lacht)*

Aber für mich ist das normal, ich will deshalb doch keinen Nobelpreis oder irgend so etwas haben. Das ist mittlerweile das Normalste von der Welt für mich. Und dass die das dann so ausdrücken: "Ja, vor Dir kannste den Hut ziehen", das ist auch ein Zeichen, dass sie das im Grunde genommen überhaupt nicht kapiert haben!

I: Wie reagiert Deine Familie darauf, dass Du ebenfalls auf Produkte verzichtest, die im Tierversuch getestet wurden?

Hans: Ich benutze kaum Kosmetik. Meine Schwester ist Kosmetikerin und verkauft Kosmetik. Deswegen gibt sie ihren Beruf nicht auf. Sie sagt, sie hat ihren Beruf und den will sie nicht drangeben. Die versteht sowieso nichts. Da war letztens mal was mit einem Hund. Der Nachbar muss wohl seinen Hund ein bisschen gequält haben. Der konnte wohl nicht richtig laufen, da hat er ihn am Schwanz gezogen. Nun wollten die aber nichts sagen, weil sie Nachbarn sind; damit es keinen Streit gibt. Da sind sie sich schon einig, bei dem armen Hundchen, das da humpelt und am Schwanz gezogen wird. Aber dass mit den gleichen Hunden Tierversuche gemacht werden, dass da ganz viele Tierversuche gemacht werden. So ist das halt, die Schwester begreift halt überhaupt nichts. Die hat auch anfangs nur dummes Zeugs geredet. Dann hat sie darüber gelacht und es lächerlich gemacht. Ich habe das zwar alles nicht so mitgekriegt, weil ich nicht dabei war, aber ich habe es doch mitbekommen, dass da viel lächerlich gemacht wurde, dass das als Kinderei abgetan wurde oder als Spinnerei. Irgendwann hat sie dann mal etwas mit Tiertransporten im Fernsehen gesehen und war plötzlich ganz aufgeregt und sagte "Oh, wie schlimm!" und so. Und dann hat sie endlich auch kein Fleisch mehr gegessen. Die ist jetzt mittlerweile auch fast Vegetarierin. *(Hans lacht)*

Ich glaube, Fisch isst sie noch. Das sind für sie scheinbar keine Tiere. Und Milch und Eier isst sie auch. Das mit der Kosmetik macht sie auch weiter. Das kapiert sie halt nicht. Das ist ihr Beruf, und dass Tiere dafür leiden, das scheint ihr egal zu sein.

I: Sieht Deine Familie Deinen Veganismus immer noch als Kinderei an oder akzeptieren sie ihn inzwischen?

Hans: Nein, mittlerweile ist es schon besser geworden. Die eine Schwester lebt, seitdem sie das Buch "Ernährung für ein neues Jahrtausend" gelesen hat, auch vegetarisch. Da war sie auch erstmal ganz begeistert. Aber letztens kam sie zu mir und sagte: "Wir machen den Fischteich leer." Ich fragte: "Wieso den Fischteich? Macht ihr ein Schlachtfest oder was?" "Ja, das sehe ich etwas anders. Die leben doch artgerecht in dem Wasser, und nur weil wir die mal eben rausholen, denen mal einen Klaps geben, was ist denn daran schlimm?" "Ja", habe ich gesagt, "das sind doch auch Tiere", und da meinte sie hinterher, für sie stehe der Mensch über dem Tier. Ja, toll. Irgendwann fällt einem nichts mehr ein. Das habe ich nicht kapiert. Das eine Mal war sie so überzeugt von dem Buch, als sie es gelesen hat. Da sagte sie: "Ja, toll, das war es jetzt. Jetzt habe ich es auch kapiert." Und dann so etwas. Dann erzählt sie mir, der Mensch steht für sie über dem Tier. Na gut, das ist eben das Problem, und deswegen kommt man auch nie auf einen Nenner. Man kann noch so viel diskutieren, aber die einen setzen einfach den Mensch über das Tier, und das ist das Problem. Solange jemand sich über dem Tier fühlt, kann man sich jede weitere Diskussion sparen. Und sie braucht auch nicht zu denken, dass es besonders toll ist, was sie da macht, nur weil sie jetzt vegetarisch lebt. Sie hat es nicht kapiert, das ist das Problem. Aber wenn die Leute so doof sind und nichts kapieren wollen, was will man da machen?

Der eine Schwager von mir sagt auch immer: "Dann darfst Du das und das und das nicht." Das sind dann immer solche Haarspaltereien. Der sucht eigentlich immer nur nach einem Grund, um das schlecht zu machen oder um sich selbst zu rechtfertigen, damit er bloß nichts ändern muss. Letztens war es mal so, da beklagte er sich: "Ach, die Gülle, die stinkt ja wieder." Da habe ich gesagt: "Ja, wer ist denn schuld an der Gülle? Warum wird denn überall soviel Gülle auf die Felder gefahren?" Dann habe ich gesagt: "Ein Fleischesser darf sich nicht über die Gülle beklagen!"

Als ich das erste Mal mit ihm darüber geredet habe, da sagte er auch: "Ja, wie? Da musst Du ja wieder eigene Tiere halten." Wir hatten früher Landwirtschaft. "Würdest Du das denn essen?" und ich sagte: "Nein, ich esse grundsätzlich nichts mehr vom Tier. Da muss man auch schlachten und töten und all das." Und weil er das auch im Fernsehen gesehen hat, die ganzen Sachen, habe ich ihn gefragt: "Ist Dir das denn egal?" Er antwortete: "Ja." Ich sagte: "Das kann Dir doch nicht egal sein!" "Ja, ist aber so", sagte er. Da fällt einem nichts mehr ein. Mit dem kann man auch nicht über Umweltschutz reden, da reagiert er genauso. Der lebt so und fertig. Alles Andere interessiert ihn nicht.

Der andere Schwager ist noch viel schlimmer. Wenn da mal was im Fernsehen kommt, schaltet er entweder um oder geht ins Bett. Der will damit überhaupt nichts zu tun haben. Ich habe bei denen mal zu Mittag gegessen und hatte Sojazeug dabei. Dann habe ich ihn gefragt: "Magst Du so was denn nicht? Schmeckt Dir das nicht?" und da hat er gesagt: "Nö, das interessiert mich auch nicht." Da habe ich gesagt: "Wie? Du hast das noch nicht mal probiert." Er sagte: "Nee, das interessiert mich auch nicht." Damit will er nichts zu tun haben. Er muss schön brav sein Essen haben, das er gerne isst und alles Andere interessiert ihn nicht. Der will keine Filme sehen, der will das Vegetarische nicht probieren, gar nichts. Der will damit nichts zu tun haben.

I: Du hast gesagt, ihr habt früher Landwirtschaft gehabt. Das heißt auch Tiere?

Hans: Ja. Wir haben auch geschlachtet zu Hause.

I: Wie war das für Dich?

Hans: Das war damals Normalität, ich hätte gar nichts sagen dürfen. Bei uns wurde gegessen, was auf den Tisch kam.

I: Wie siehst Du das heute?

Hans: Man nahm das so hin. Wir haben zum Beispiel geschlachtet und die Tiere getrennt. Die einen lebten im Stall und die anderen Tiere, die gehörten mit dazu, so Hunde und Katzen. Die Katzen waren Haustiere und die Anderen sozusagen zum Essen da. Und wenn dann Schlachttag war, dann brachte man die Einzelteile da rein, die wurden verarbeitet und aufgegessen.

I: Das heißt, Du hast als Kind den Schlachtprozess selbst nicht mitbekommen?

Hans: Das Schlachten selber nicht. Davon hat man uns ferngehalten. Das durften wir nicht sehen, dieses Schlachten selber, das war nichts für Kinder.

I: Und andere Bekannte, die Deinen Wandel zum Veganismus mitbekommen haben, wie haben die darauf reagiert?

Hans: Es kommt darauf an. Mancher sagte: "Jeder nach seiner Façon" oder "Ich finde es auch gut, aber ich könnte das selber nicht." Was wollen die auch großartig machen? Was wollen sie sagen, wenn einer vegan lebt? Es gibt ja keinen Grund, das schlecht zu machen. Die meisten sind im Grunde genommen schon zufrieden, wenn sie selber so weiterleben können wie bisher. Das reicht schon. Und wenn man dann was sagt, dann kommt es zu Diskussionen. Aber anfangs war ich auch erstmal froh, dass die Leute mich ließen. Weil ich auch keine Gründe hatte, keine Argumente, als ich mit dem Vegetarischen angefangen habe. Und die ganzen Gründe und Argumente habe ich erst so nach und nach durch die Beschäftigung mit dem Thema gefunden, durch die Bücher. Dann bin ich auch aktiv geworden. Bis dahin war ich erstmal froh, dass die mich in Ruhe ließen. Ich wollte einfach nur selber vegan leben. Das war für mich erstmal wichtig. Und nicht, unbedingt alle Anderen zu überzeugen. Das bringt auch nichts. Man muss nicht versuchen, ständig an Anderen dran zu sein und sie zu Veganern zu machen und denen zu sagen: "Du darfst das nicht essen und das nicht." Nur, weil ich von heute auf morgen Veganer geworden bin, müssen das jetzt nicht alle Anderen auch werden. Ich war erstmal froh, dass ich selbst so leben konnte. Aber irgendwann, wenn man sich mehr damit beschäftigt, reicht einem das nicht mehr, und dann sagt man dann eben doch mal was. Aber nicht ständig. Nur, wenn das Gespräch darauf kommt. Dann sagt man halt mal was, dann gibt es schon mal eine Diskussion, dann wird schon mal darüber geredet. Und teilweise nervt das die Leute. Aber das war mir auch egal, weil mich die Leute ja auch nerven, da sie nichts kapieren. Deswegen habe ich das dann auch gemacht. Deshalb hat mich das auch nicht gestört, dass ich die genervt habe. Nur, mit Argumenten kommt man meistens auch nicht so weit, am besten sind wirklich Bücher und Filme darüber. Man kann ja viel erzählen. Aber was in solch einem Buch steht, das ist dann schon eine ganz andere Sache. Und dieser eine Schwager zum Beispiel, der von meiner ältesten Schwester, dem habe ich damals den Film "1994"[17] und das Buch "Das Tierbuch"[18] mitgegeben. Und ich glaube, als er das gesehen hat, hat es doch Klick gemacht. Dann haben sie zwar immer noch Fleisch gegessen, aber ich glaube, irgendwo tat sich da schon was. Meine Schwester lebt zwar vor allem aus gesundheitlichen Gründen so, aber mein Schwager, der tut sich schon schwer damit, der hat ein ethisches Problem. Er schafft es nur einfach nicht, ganz davon los zu kommen. Mittlerweile sind sie aber so weit, dass es zu Hause kein Fleisch mehr gibt. Milch und Eier gibt es noch. Immerhin, das ist was, und der isst so gerne Fleisch. Er isst auch gerne viel. Also, das war schon eine ziemliche Veränderung für ihn.

I: Und Deine Nichten oder Neffen?

Hans: Der Älteste, der ist auch sehr interessiert und macht sich auch große Sorgen drum. Er hat da auch mal einen Film gesehen, über Delphine, die sich in den Netzen verfangen. Da hat er gesagt: "Nee, wir essen keinen Thunfisch mehr, weil da die Tiere im Netz bleiben." Der kriegt das alles so mit. Ich habe ihm auch schon mal Bücher geschenkt und er interessiert sich auch sehr dafür. Der sagt auch, er wolle Vegetarier werden. Das ist auch schon gut. Nur, die essen im Moment noch Milch und Eier. Und man muss denen ja auch kein schlechtes Gewissen einreden, so dass sie ständig Schuldgefühle haben. Wenn die zum Beispiel auf einem Kindergeburtstag sind und es Würstchen gibt, dann isst der das auch noch. Es sind halt Kinder.

Die Eltern sagen auch, sie wollen ihm das nicht verbieten. Zu Hause gibt es kein Fleisch mehr bei ihnen, das ist mittlerweile Normalität. Auch der Jüngste macht das alles mit. Der ist aber auch ein anderer Typ, der macht sich nicht übermäßig viele Gedanken, der macht das einfach mit. Der Ältere, der macht sich schon mehr Gedanken. Das sind schon ganz gute Voraussetzungen.

---

[17] Der Videofilm "1994" wurde vom Verein "FACE IT!" produziert

[18] Kroth (1991): Das Tierbuch

Die Anderen sind noch zu klein. Aber die eine Nichte, die jetzt sechs Jahre geworden ist, die ist eigentlich auch sehr tierfreundlich. Ich habe denen mal einen Film von Animal Peace gegeben, der auch im Fernsehen lief. Den wollte sie sich mal ansehen, aber die Eltern wollten das nicht, weil da wohl zu oft tote Tiere zu sehen sind. Aber sie will. Ich soll den auf jeden Fall mal behalten, hat sie gesagt. Sie will den auf jeden Fall mal sehen. Da werde ich eben noch ein paar Jahre warten. Ich denke mal, sie wird sich auch in die Richtung entwickeln. Einmal, das war auch interessant, da haben sie zu Ostern lebende Kaninchen geschenkt bekommen, von Freunden. Dann haben sie auch noch gesagt: "Ja, dann essen wir die irgendwann auf." Und die Kinder haben auch gesagt: "Irgendwann essen wir sie dann auf." Da muss sie aber gesagt haben: "Ach, ich glaube, die essen wir doch nicht. Dann lassen wir sie lieber weglaufen." Hinterher haben sie sie wieder weggegeben. Na ja, das hat sie nicht so verstanden, als gesagt wurde: "Das essen wir." Der Vater hat das wahrscheinlich gesagt und dann hat sie das nachgeplappert. Aber irgendwann hat sie dann erkannt, dass es ein Tier ist. Und dann wollte sie es doch nicht aufessen, und hat gesagt: "Dann lassen wir es lieber weglaufen."

I: Welche wesentlichen Probleme hast Du als Veganer?

Hans: Probleme gibt es vor allem in der Versorgung, also wo man die ganzen Sachen herbekommt. Das ist eigentlich das größte Problem. In dem Moment, wo Du einen eigenen Haushalt hast – so wie ich jetzt, wo ich alles selber mache – kann ja keiner mehr was sagen.

Also, ich habe keine Lust mehr, beim Grillen dabei zu sitzen und zuzugucken, wie die sich das Fleisch reinhauen, wenn dann noch teilweise dummes Zeug gelabert wird. Ich will eigentlich mit Fleischessern nichts mehr zu tun haben. Man muss zwar mit denen mal reden, aber nichts zu tun haben. Ich rede normal mit denen und mache was mit denen, aber an Grillfesten oder solchen Sachen interessiert mich nichts.

I: Wirst Du denn trotzdem noch eingeladen?

Hans: Ja. Und ich versuche, mich dann auch vernünftig zu verhalten. Ich habe das mal gesehen im Fernsehen, da war eine, die versuchte, die ganze Familie zu Veganern zu machen. Die war auch zugange: "Die sollen das und das nicht essen", und die war 18 Jahre alt. In dem Alter ist man noch so. Aber das bringt ja nichts, was soll ich denen dauernd das Essen vermiesen. Sie wissen es im Grunde genommen, und dadurch, dass meine Schwestern alle vegetarisch sind und auch noch viele Andere, und dadurch, dass ich auch viele Bücher gelesen habe und mich engagiere. Mittlerweile haben sie schon eingesehen, dass da was dran ist. Das dauert natürlich eine gewisse Zeit. Anfangs glaubten sie gar nicht, dass ich das durchhalte oder dass ich das ernst meine. Mittlerweile wissen sie, dass ich es ernst meine und dass da auch was dran ist; dass es nicht in Ordnung ist. Nur bei meinen Eltern, die so lange Fleisch gegessen haben, die packen es dann nicht mehr, sich umzugewöhnen. Aber für Kinder, zum Beispiel für meine Neffen, für die ist das mittlerweile Normalität. Die kennen das gar nicht anders. Wenn man Kinder als Veganer aufwachsen lässt, dann ist das eben so. Da denken sie nicht drüber nach. Aber wenn man so viele Jahre Fleisch und Milch und diese ganzen Sachen gegessen hat, ist es natürlich unheimlich schwierig, sich umzugewöhnen. Mir ist es eigentlich auch viel wichtiger, dass einer das kapiert, das Thema. Also mir ist ein Fleischesser, der es kapiert hat – so wie mein Schwager – der hat wirklich ein ethisches Problem damit, der ist mir lieber als Veganer oder Rohköstler, die vielleicht auch vegan leben, aber die überhaupt nicht kapiert haben, worum es geht. Ich kann verstehen, dass Leute da Schwierigkeiten haben, die Finger davon zu lassen. Das ist nicht einfach.

I: Wie meinst Du das?

Hans: Zum Beispiel mit der Milch: Er hat von klein auf jeden Tag morgens zum Frühstück sein Glas Milch bekommen. Und seine Eltern haben ihm wahrscheinlich immer erzählt, wie gesund das ist. "Ah ja, jeden Morgen ein Glas Milch, das ist so gesund, da ist alles drin", hat der später oft erzählt. Der ist schon ein richtiger Milch-Fan. Und er packt es nicht, ohne Milch zu leben. Das ist eine Sucht. Da kommt man nun mal nicht von heute auf morgen von los. Aber immerhin, wenn man es kapiert hat, dann geschieht der Rest ganz von allein. Man kann da nichts machen. Man kann es den Leuten nur erklären, in der Hoffnung, dass sie es kapieren. Und mehr kann man nicht machen.

Wenn einer es nicht kapieren will oder jemand es nicht kapiert und trotzdem vegan lebt, dann ist das zwar für die Tiere gut, aber was nützt das, wenn er es nicht kapiert hat?

Im Krankenhaus war auch eine, die sagte, sie hätte auch mal vegan gelebt, dabei war sie noch nicht einmal Ovo-Lakto-Vegetarierin. Wenn man Ovo-Lakto-Vegetarier durchhält und dann vegan wird, dann wird man auch nicht wieder Fleischesser. Also erstmal langsam anfangen. Sie sagte, irgendwann wären ihr die Körner aus den Ohren rausgekommen. Das ist ja auch kein Wunder. Heute weiß ich ja, warum, weil das auch nicht gesund ist. Dann ist sie halt wieder zum Fleisch übergegangen. Da verlierst Du ja auch dein Gesicht, wirst von keinem mehr ernst genommen und alle sagen: "Haha, guckt euch die an. Erst vegan und nun isst sie wieder Fleisch." Und auch vor sich selbst ist das so eine Sache. Deswegen bin ich da auch sehr, sehr vorsichtig. Ich habe das wirklich erst gemacht, als ich 100-prozentig überzeugt war, weil ich auch Angst hatte, es nicht durchzuhalten. Und dann machst Du Dich lächerlich. Deswegen muss man erstmal ganz vorsichtig sein und am besten erstmal nichts sagen, erstmal nur ausprobieren, bevor man es dann richtig vertritt, nach außen hin. Und die ist dann wieder zum Fleischesser geworden. Das bringt natürlich nichts, da kann man es auch gleich bleiben lassen. Weil sie es nicht kapiert hat. Sie sagt dann auch: "Du erreichst ja sowieso nichts damit" und "Was bringt das schon alles?" Ich will ja nichts damit erreichen. In erster Linie mache ich es für mich, weil ich nicht mitschuldig sein will. Und für die Tiere, weil natürlich mit jedem Stück Fleisch, das ich weniger esse, ein Tier weniger leidet. Darum; nicht unbedingt, weil ich damit die Welt verändern will. Das zwar auch, aber das ist nicht das Wichtigste.

I: Wo kaufst Du denn Deine veganen Lebensmittel?

Hans: Ich habe hier nur einen Naturkostladen, aber die haben nicht alles. Dann gibt es noch den Vegan-Versand, da muss man aber bestellen. Das ist schon fast alles. In den normalen Läden, da gibt es kaum Veganes. Aber ich denke, das kommt langsam. Ich glaube, viele Hersteller wechseln vom vegetarischen zum veganen Produkt, also dass sie nicht mehr vegetarisch darauf schreiben, sondern direkt vegan. Und dass es, wenn die Nachfrage steigt, auch in normalen Läden mehr geben wird. Aber dafür gibt es, glaube ich, zurzeit noch zu wenige Veganer.

I: Aus welchen Gründen bleibst Du trotz dieser Schwierigkeiten vegan?

Hans: Weil es für mich eigentlich keinen Grund gibt, wieder Fleisch zu essen. Die Probleme ändern sich ja nicht. Die Gründe sind ja geblieben. Es gibt keinen Grund, weiter Fleisch zu essen, wieder zurückzugehen, nur weil es mal Probleme gibt. Probleme, die im Moment da sind, die werden mit Sicherheit weniger mit der Zeit. Ich glaube zwar nicht, dass wir mal eine vegane Gesellschaft haben werden, dafür sind die Menschen einfach zu doof, aber es werden mehr. Und es reicht ja, wenn es zur Normalität wird, dass es auch Veganer gibt. Das ist auch schon was.

Zum Beispiel das mit dieser Gans, die man aufgehängt hat in der Schule. Das war so ein Fest, bei dem jemand eine tote Gans aufgehängt hat, eine Weihnachtsgans. Das sollte ein Spiel sein, um das Gewicht zu schätzen. Die haben die Gans aufgehängt zum Schätzen! Und eine Schülerin war total fertig und kam weinend nach Hause, denn die sagten dort einfach: "Das ist doch normal, das ist eine alte Tradition, das ist eine Weihnachtsgans." Angeblich hat sich nur die eine darüber beschwert. Die anderen Besucher haben angeblich nichts gesagt. Vielleicht haben sie auch nichts gesagt, oder vielleicht hat es vielen auch nichts ausgemacht. Aber ich finde, da muss man auch mal auf Veganer Rücksicht nehmen oder darauf, dass es vegane Schüler gibt, die so etwas stört. Man kann nicht einfach Leichen aufhängen, sage ich jetzt mal, Tierleichen. Das müssen die auch mal begreifen. Auch die Lehrer in der Schule müssen wissen, dass es Veganer gibt, und ob die das nun sehen oder nicht. Ist schon schlimm genug, wenn sie das selbst nicht so sehen. Aber sie müssen wenigstens Rücksicht nehmen auf solche Schüler. Das brauchte man vielleicht vor 10 Jahren noch nicht, aber mittlerweile gibt es nun mal auch Veganer. Und auch wenn es nur eine Veganerin ist, selbst wenn die eine Person sich daran gestört hat und die Anderen dabei nichts gefunden haben, muss man darauf Rücksicht nehmen.

Eine andere Sache war auch ganz interessant, die lief im Fernsehen. Da wurde auf einem Markt Katzenfleisch zum Verkauf angeboten. Das war natürlich kein Katzenfleisch, aber das wussten die Leute nicht. Du hättest mal die Reaktionen sehen sollen, wie die sich aufgeregt haben: "Oh, so was sollte man auf den Scheiterhaufen stellen", "Sie verschwinden hier, ich haue ihnen alles kaputt" und so was. Das Schweinefleisch lassen sie sich schmecken, aber Katzenfleisch, das ist Mord. Da fehlen einem die Worte. Wo ist da der Unterschied? Das ist es auch bei meiner jüngsten Schwester: "Ah, das arme Kätzchen, das niedliche." Und gerade Tierschützer sind ja so. Deswegen kann ich die auch nicht leiden. Aber es sind mit Sicherheit auch viele Veganer so: "Hach, die armen, niedlichen Tierchen." Die Robben zum Beispiel und die Rehlein. Aber das Fleisch, das lassen sie sich schmecken, oder auch Fisch, Milch und Eier. Das ist alles nicht so schlimm. So was hat mich immer angewidert, schon als Kind.

I: Diese Doppelmoral meinst Du?

Hans: Ja. Deswegen hatte ich auch immer Schwierigkeiten, mich für den Tierschutz zu engagieren. Ich kann nicht für Tierschutz sein, aber gleichzeitig Fleisch essen. Ich war zwar immer schon dagegen, aber ob man jetzt das Tier tötet, um es zu untersuchen oder um ihm das Fell abzuziehen oder um es aufzuessen, das ist für das Tier kein Unterschied. Den Unterschied merkt das Tier nicht. Das war immer mein Problem, deswegen habe ich immer Schwierigkeiten gehabt. Ich kann nicht sagen: "Pelz ist verboten", oder "die Jagd", aber Fleisch essen nicht. Das passt nicht zusammen. Aber das wusste ich damals noch nicht, dass man ohne Fleisch auch gut leben kann.

I: Dein Veganismus bezieht sich nicht nur auf die Ernährung, oder?

Hans: Nein. Wobei das Andere nicht unbedingt das Wesentliche ist. Ich glaube kaum, dass es den Leuten was ausmacht, andere Schuhe zu tragen, wenn sie sie bekommen. Das Problem ist, dass sie zu teuer sind. Denn die wollen auch kein Geld dafür ausgeben. Für jeden Scheiß geben sie Geld aus, aber das ist denen zu teuer, solche Sachen. Pullover kann man aus Baumwolle anziehen, Lederjacken muss man nicht anziehen. Gut, wenn man Motorrad fährt, ist es schwierig, was macht man dann?

I: Vielleicht Kunstleder?

Hans: Ja, gut, dann kommt es auf die Qualität an. Wenn man einen Unfall hat, weiß ich nicht, ob da Kunstleder so gut ist. Aber das ist gar nicht mal das Wesentliche, weil man leicht darauf verzichten kann. Das mit den Essenssachen ist am schwierigsten.

I: Und was denkst Du, wie man das verbessern kann?

Hans: Es fängt ja schon in der Schule an und im Kindergarten. Ich habe zum Beispiel den Kindern immer Bücher wie "Kleine Henne, wie geht es Dir?"[19] geschenkt. Die waren ganz begeistert, denen hat das gut gefallen. Meine Schwester hat das sogar zum Kindergarten mitgenommen. Die haben das dann alle mal durchgelesen. Aber solche Kinderbücher gibt es viel zu wenig. Da könnte man viel, viel mehr machen. Die Kinder sind ja unsere Zukunft. Und sie kapieren das auch noch alles, zumindest die meisten Kinder. Es gibt mit Sicherheit viele, die es nicht kapieren. Die ganz Kleinen; ich glaube, die kapieren das noch. Ich würde am liebsten auch mehr machen, also im Kindergarten und in der Grundschule. Oder so wie in Österreich: Da gibt es schon Tierschutzunterricht. Die Barbara Rütting engagiert sich da viel in Österreich. Dazu gibt es hier in Deutschland noch gar nichts. Dabei müsste das eigentlich Hauptfach werden. Dafür sollten sie lieber diesen ganzen Religionsunterricht weglassen. Den sollten sie lieber weglassen und stattdessen Ethik oder so machen. Diese Sache widert mich wirklich an, dieser ganze Religionsscheiß. Und die Kirchen machen auch nichts. Also wenn es schon eine Religion gibt, könnten die auch mal was machen.

I: Bezüglich des Veganismus?

Hans: Ja. Die essen auch alle Fleisch und fühlen sich über dem Tier stehend. Da gibt es dieses Gebot "Du sollst nicht töten!" Das hieß wohl ursprünglich mal "Du sollst nicht töten, weder Mensch noch Tier!" Das hat man dann irgendwann weggelassen. Also ursprünglich war es auch anders gemeint, nur hat man es dann so gemacht, wie es denen am besten passte. Und nun wird das so ausgelegt, dass es nur für

[19] Pomaska (1996): Kleine Henne, wie geht es dir?

Menschen gilt. Das ist speziesistisch.[20] Was die Schule betrifft, da müsste auf jeden Fall viel mehr laufen.
Da gab es mal so einen Fernsehfilm, den hat sich mein Schwager mit seinen Kindern angeschaut. Da war eine Szene, in der sie ein Schwein einfangen und aufessen wollten. Aber dann ist das Schwein in letzter Minute entkommen. Das muss wohl auch ganz gut gewesen sein. Und seitdem sagt er, esse er kein Schweinefleisch mehr. Ich hatte zum Beispiel mal mit einer gesprochen, die mit ihrer kleinen Schwester auch so einen Film gesehen hat. Die hatte dann nachts Alpträume. Das ist nicht gut, wenn man zu viel Blut zeigt. Man kann das auch in einer altersgerechten Weise machen, so dass die Kinder das verstehen. Die bekommen gerade in der Werbung so viel Scheiße vorgesetzt, dass die Kühe froh seien, wenn sie gegessen werden und so weiter. Da wird dann alles verharmlost: Die glücklichen Tiere in der Landwirtschaft. Auch auf den Produkten, wird das immer mehr dargestellt. Die Werbung hat schon erkannt, wie man es macht. Und genauso müssten wir es im Grunde genommen auch machen. Dass man das den Kindern richtig verkauft, aber im Positiven; nicht, um sie zu indoktrinieren, sondern einfach um sie aufzuklären. Entscheiden müssen sie letzten Endes selbst. Aber sie müssen erstmal die Möglichkeit haben, sich zu entscheiden. Und das haben sie ja nicht. Sie werden von der Werbung verdummt, und von den Eltern meistens auch noch.

I: Vielleicht wissen sie es nicht besser. Die Beeinflussung der Milchindustrie oder Ähnliches fängt ja schon sehr früh an, zum Beispiel mit Aufklärungsbroschüren in den Schulen.

Hans: Ja, die versuchen direkt, die Kinder an die Milch zu binden und versuchen, ihre Produkte an Schulen zu verkaufen. Das macht ja nicht nur die Nahrungsmittelindustrie. Die Anderen machen das auch so, denn die Kinder sind scheinbar oft der Grund für viele Eltern, etwas zu kaufen oder etwas nicht zu kaufen. Und gerade bei der Nahrung, da werden die schon von Klein auf süchtig gemacht.

---

[20] Speziesismus: Diskriminierung Aufgrund von Hautfarbe, Geschlecht, Art oder Rasse

Das Wichtigste ist – und das wäre dann auch wieder ein wichtiger Punkt für die Pädagogik – dass man auch die Eltern besser in der Richtung aufklärt, also damit die Eltern sich mehr mit diesem Thema auseinandersetzen. Mit Ethik, aber auch mit Gesundheit, dass die den Kindern beides beibringen können, denn wer bringt seinen Kindern heute noch Ethik bei? Die werden nur vor den Fernseher gesetzt und mit allem möglichen Scheiß voll gestopft. Und wenn sie zu zappelig sind, bekommen sie Beruhigungstabletten. Wenn sie zu schläfrig sind, kriegen sie Aufputschmittel und so weiter. Sie werden mit allem voll gestopft. Da werden sie schon von Klein auf an Tabletten gewöhnt; an die ganzen Suchtmittel, auch Schokolade und all diesen ganzen Kram. Und dann wundern sie sich, wenn sie alle krank sind. Die Kinder sind heute doch schon genauso krank wie viele 60-Jährige, oder fast. Die haben auch schon Ablagerungen in den Adern und alle möglichen Allergien und sonstige Krankheiten. Aber daran sind die Eltern mit Schuld. Gut, das ist jetzt nicht unbedingt Pädagogik. Das ist zwar vor allem Gesundheit. Aber auch diese ethischen Sachen... Dazu gehört auch, dass die Eltern bei sich selbst anfangen, das erst mal vorleben, aber auch mit ihren Kindern darüber reden. Und dass sich das vielleicht mit in die Erziehung einbinden lässt, also nicht nur den Eltern sagen: "Ihr dürft Eure Kinder nicht schlagen", sondern auch sagen: "Ihr müsst Euren Kindern Ethik beibringen und auch vorleben." Das ist doch nicht damit getan, dass sie die Kinder in die Welt setzen. Wie gesagt, man muss sich vor Allem weiterbilden, man muss sich damit beschäftigen. Dann verstehen sie es auch irgendwann, mit der Zeit. Aber man kann nicht immer durch die Gegend laufen und sagen "Fleisch ist Mord" oder so etwas. Da muss man das Ganze auch ein bisschen erklären können. Ich finde es natürlich schön, wenn man darüber redet, egal wie. Hauptsache, man redet darüber, auch wenn man schlecht redet. Bei dem was ich vorhin erzählt habe, dass die das alles so lächerlich gemacht haben. Habe ich das auch positiv gesehen. Immerhin haben wir mal darüber geredet. Das Schlimmste ist, wenn man überhaupt nicht darauf reagiert und das so abtut, wie der eine Schwager, der nichts damit zu tun haben will. Das sind eigentlich die Allerschlimmsten. Immerhin sie haben registriert, dass ich so bin. Und sie haben sich damit beschäftigt, auch wenn es schlecht war. Lieber schlecht reden als gar nicht. Und wie gesagt: Die Schlimmsten sind die, die das alles abtun und gar nichts damit zu tun haben wollen. Aber mit der Jagd und so weiter, das war auch eine Auseinandersetzung. Das ist nämlich auch ein Punkt. Die haben ja alle viel Angst. Angst vor Mangelerscheinungen zum Beispiel. Die muss man aber nicht haben, weil es keine Mangelerscheinungen gibt, wenn man es richtig macht. Aber viele wollen ja auf nichts verzichten, dann ist das natürlich auch ein Problem und nicht so ganz gesund. Man muss auch bereit sein, ein bisschen was zu verändern. Und man darf das alles nicht so negativ sehen. Man darf auch den Veganismus nicht so negativ verkaufen. Das ist doch schön, wenn man vegan lebt. Man braucht keine Tierprodukte mehr. Das ist doch ein Gewinn, wenn man so will, ein Gewinn an Freiheit. Und es gibt auch genügend Sachen, die gut schmecken, zum Beispiel Obst und Früchte und so weiter. Und man kann sich daran gewöhnen. Man darf das nicht alles negativ sehen. Und wenn man ständig mit so einem miesen Gesicht durch das Leben geht, dann ist das schlecht und bringt nichts. Man muss das positiv rüberbringen, denke ich.

I: Angesichts der Industrie die dahinter steht, fällt es bestimmt nicht immer leicht, das positiv zu sehen, oder?

Hans: Das stimmt. Die Industrie und die Leute, weil sie häufig so sind wie sie sind. Wenn man als Einzelner vegan ist, ist es unheimlich schwierig. Deswegen bin ich auch froh, dass wenigstens meine Schwester und der eine Schwager Ovo-Lakto-Vegetarier sind. Das ist schon mal was, ein erster Schritt. Dadurch können sie das schon nicht mehr so ganz schlechtmachen. Wenn man zu mehreren ist, zu mehreren Veganern, dann verteilt sich das. Dann ist der Druck nicht auf einem alleine, sondern dann ist es die Gruppe. Dann heißt es nicht "Du bist Veganer" sondern "Ihr". Da kann man sich auch ein bisschen in der Gruppe verstecken. Und man weiß auch, man ist nicht alleine. Das ist nämlich auch ein Problem: Man zweifelt an sich selbst. Man denkt sich dann: "Ist das wirklich richtig, was ich mache? Vielleicht haben die ja doch recht? Vielleicht bin ich ja doch nur ein Spinner?"

oder so. Und sobald man dann Andere kennen lernt und sieht, dass es auch Andere machen, dann weiß man, das kann nicht ganz falsch sein.

I: Fehlen Dir andere Veganer?

Hans: Ja schon, aber jetzt habe ich sie ja über das Internet. Das ist auch schon was.

I: Ist es für Dich wichtig, dass Du zu anderen Veganern Kontakt hast?

Hans: Ja. Am Anfang hat mir das sehr gefehlt, weil ich auch Angst vor Mangelerscheinungen hatte. Und wenn Du einen hast, mit dem Du reden kannst, den kannst Du fragen "Was isst Du denn?", "Wie fühlst Du Dich?", "Wie geht es Dir?". Und wenn man sieht, der isst das, der isst das, dann hat man auch nicht so eine Angst. Und wenn man wirklich mal Mangelerscheinungen bekommt, dann können die Anderen von Dir lernen und gucken, was man dagegen macht. Ich hatte auch Angst, dass man mir die Schuld in die Schuhe schiebt und sagt: "Ach, siehst Du, nur weil Du Veganer bist, hast Du jetzt diese Mangelerscheinungen." Deshalb habe ich am Anfang versucht, viel Eiweiß zu essen, damit ich bloß keinen Eiweißmangel bekomme. Damit bloß keiner so etwas über mich sagen kann. Aber irgendwann verliert man die Angst, dann ist Dir das mit der Zeit einfach scheißegal. *(Hans lacht)*

I: Die Mangelerscheinungen sind ja keine zwangsläufige Folge einer veganen Ernährung...

Hans: Ja, aber das muss man erstmal wissen. Das ist auch ein Problem, wenn man sich zu wenig mit der Ernährung beschäftigt. Es ist nicht damit getan, dass man sagt "Ich esse kein Fleisch mehr, dann esse ich halt nur noch Brote oder Schokolade", sondern man muss den Leuten auch sagen, wie man es richtig macht. Da hat mir das Buch "Fit fürs Leben"[21] sehr gut geholfen. Oder das von dem Konz,[22] das ist noch besser, da braucht man das "Fit fürs Leben" gar nicht mehr. Man muss wirklich keine Angst haben. Die gibt es nur, wenn man was falsch macht. Die Fleischesser, die haben zum Beispiel Mangelerscheinungen. *(Hans lacht)*

---

[21] Diamond & Diamond (1992): Fit fürs Leben

[22] Konz (1996): Der große Gesundheits-Konz

Was ich jetzt noch gerne mal machen würde, das wäre aktiv zu werden. Aber da findet man auch keinen, das ist das Problem.

I: Aktiv in gesundheitlicher Hinsicht?

Hans: Nein, in tierrechtlicher Hinsicht. Dass man mal hier in die Ställe rein sieht. Die Leute sagen ja alle: "Ach, wir kaufen ja in dem und dem Laden…" oder "Wir kaufen bei einem kleinen Metzger, der das vom Bauern bekommt." Aber das ist auch Massentierhaltung.

In Bremen gab es einen Ökometzger, der hatte auch Probleme damit. Ich habe das damals nicht so richtig kapiert, aber eigentlich stimmt es schon, dass die ihn so angegriffen haben, denn wegen so was haben die Leute einen Grund, weiter Fleisch zu essen. Das ist ja nicht weniger Tierquälerei, dieses ganze Biofleisch, das ist nur gesünder, aber nicht weniger Tierquälerei. Was von den Bauern kommt, das ist mit Sicherheit auch Massentierhaltung. Aber die Leute wollen es scheinbar nicht wissen. Die Leute meinen: "Ach, hier ist ja das Fleisch vom Bauern vor Ort. Das ist ja alles nicht so schlimm."

Also, ich suche ein paar Leute, die mit mir in die Ställe reingucken und ein paar Aufnahmen machen. Zudem stehen ja auch überall Hochsitze rum… Aber da muss man erstmal welche finden, die da mitmachen. Und die findet man halt nicht so leicht. Man findet ja schon kaum Veganer, und dann unter den wenigen dann noch so welche zu finden... *(Hans lacht)*

I: Hans, ich danke Dir für das Interview.

Neun Jahre später berichtet Hans (inzwischen 42 Jahre) folgendes:

I: Hallo Hans. Wie geht es Dir? Lebst Du immer noch vegan?

Hans: Ja, das tue ich.

I: Aus welchem Gründen lebst Du im Moment vegan?

Hans: Es gibt für mich keinen Grund, nicht mehr vegan zu leben, aber viele Gründe es weiter zu machen. Die meisten unveganen Produkte ekeln mich an und ich bin froh, sie nicht mehr benutzen zu müssen.

I: Wie reagiert Dein Umfeld heute auf Deine vegane Lebensweise?

Hans: Ich habe heute ein anderes soziales Umfeld als damals. Ich habe nun viel Kontakt zu anderen Veganern.

I: Gibt es Dinge, die Du – in Hinblick auf eine vegane Lebensweise – rückblickend anders machen würdest?

Hans: Ich hätte mal besser viel früher und konsequenter damit anfangen sollen. *(Hans lacht)*

I: Wie bewertest Du mittlerweile das Image oder das Ansehen von Veganern?

Hans: Ich denke, dass es besser geworden ist, aber dass es noch sehr viel besser werden muss. Es gibt immer noch Leute, die den Begriff vegan nicht kennen oder glauben, Veganer seien Spinner und würden durch ihre Lebensweise krank werden.

I: Vielen Dank für das Gespräch.

6. Eine Mordindustrie (Heinz, 25, Heilerziehungspfleger)

I: Hallo Heinz. Schön, dass Du Zeit hast. Wie wurdest Du vegan?

Heinz: Ich bin erst seit einem Jahr vegan. Vegetarier wurde ich mit ungefähr 15 oder 16 Jahren und ich fand, das war das Ultimative, was für Tiere drin war. Außerdem habe ich an diese Milchmythen geglaubt. Dann kam es im Laufe der Zeit zu Diskussionen über Milch, die diese Mythen ausgeräumt haben. Ich dachte dann, ich halte es nicht mehr aus, dass dadurch, dass ich vegetarisch lebe, trotzdem noch diese Todesindustrie unterstützt wird. Dann habe ich erst mal angefangen, die Ernährung umzustellen und keine Eier mehr zu essen, keine Milch, keinen Honig und so weiter und habe kein Leder mehr getragen. Das ist dann ein Fass ohne Boden; je mehr man darüber nachdenkt, desto mehr fällt einem auf.

I: Wie wurdest Du Vegetarier?

Heinz: Vegetarier wurde ich durch eine damalige Freundin, die mit mir sehr viel darüber diskutiert hat.

I: War sie selbst auch Vegetarierin?

Heinz: Ja, sie war damals Vegetarierin. Ich war zu der Zeit sehr beim Antifaschistisch engagiert, für Menschenrechte, gegen Sexismus und so weiter. Diese Freundin hat mir klargemacht, dass es mit Tieren eigentlich genau das Gleiche ist. Über solche Dinge habe ich früher nie nachgedacht.

I: Durch sie wurdest Du also an das Thema herangeführt?

Heinz: Genau. Über Diskussionen mit ihr, ihren Freunden und Freundinnen.

I: Was bedeutet der Veganismus heute für Dich?

Heinz: Veganismus bedeutet für mich zurzeit sehr viel. Er ist ein riesiger Teil meines Lebens. Dabei ist es schwierig, zu umreißen, was es konkret bedeutet, weil es sehr viele Bereiche betrifft. Für mich bedeutet es auf jeden Fall, nicht diese Industrie, diese Mörder zu unterstützen, die das Leid über die Tiere bringen.

I: Es ist also ein ethischer Aspekt?

Heinz: Ja, auf alle Fälle.

I: Und was beinhaltet der Veganismus für Dich?

Heinz: Kleidung, Kosmetik, Verhalten, Umgang mit Tieren, sprich Haustiere und so weiter. Also einerseits der allgemeine Umgang mit Tieren, und andererseits überhaupt wahrzunehmen, dass Tiere auch leben wollen und ein Recht darauf haben.

I: Wie hat Deine Umwelt reagiert, als Du Vegetarier und dann Veganer wurdest? Und wie reagiert Deine Umwelt heute?

Heinz: Die Familie reagierte erst mal ganz schrecklich. Meine Mutter meinte natürlich: "Was soll ich denn da kochen?" und "Ich weiß ja gar nicht..." Jedes Mal beim Mittagstisch gab es endlose Diskussionen. Was das denn soll und was ich denn damit erreichen will, ob das nun meine Rebellion wäre und was weiß ich. Einfach nur bescheuert. In der Schule gab es zu der Zeit kaum Diskussionen, weil das nicht aufgefallen ist. Wenn ich es explizit gesagt habe, war das Verständnis unter den Gleichaltrigen schon größer. Aber es gab schon welche, die mich als einen emotionalen Spinner abgetan haben.

I: Und als Du Veganer wurdest?

Heinz: Das war dann wirklich ganz schlimm. Meine Eltern haben mir prophezeit, dass ich in wenigen Jahren tot sein werde, weil ich meine Nährstoffe nicht bekomme und kein Eiweiß und so weiter. Da half auch überhaupt kein Diskutieren. Mein Vater glaubt das jetzt immer noch, denn er will mich dauernd zum Arzt schleifen und will, dass ich meine Blutwerte messen lasse, was ich wiederum nicht will, weil ich einfach nicht gerne zum Arzt gehe. Meine Mutter versteht es einigermaßen. Sie denkt, dass es ungesund ist und dass man halt sehr viel über Ernährung wissen muss, wenn man vegan leben will. Das glaube ich aber nicht, man muss nicht mehr wissen als Andere auch.

I: Und Dein sonstiges Umfeld, zum Beispiel Deine Arbeitskollegen?

Heinz: Die Arbeitskollegen und -kolleginnen waren eigentlich recht O.K. Ich war damals in einem Kollegenkreis, in dem ich mich sehr wohl fühlte und da war anfangs auch sehr viel Interesse. Ich finde es schön, wenn Leute sich für das Thema interessieren und Fragen stellen. Aber schade ist, dass nach einiger Zeit immer stereotyp die gleichen Fragen aufkommen, so dass ich bei bestimmten Leuten auch die Intention vermute, dass sie mich auf dem kalten Fuß erwischen wollen, um mir dann in Diskussionen ein Bein zu stellen. Das finde ich dann ziemlich heftig, wenn mir so was auffällt.

I: Wie sieht so etwas konkret aus? Kannst Du dafür ein Beispiel nennen?

Heinz: Das sind dann Diskussionen, in denen überhaupt nicht auf der Ebene diskutiert wird "Ich versuche zu verstehen, was Du mir sagen willst" und umgekehrt, sondern da ist von vornherein klar, dass der Andere auf seinem Standpunkt stehen bleibt. Es sind hauptsächlich Männer, die Dir klar machen: "Ja, erzähl mal was, und ich drehe es Dir im Munde um." Also ganz, ganz komische Sachen. Teilweise gab es auch Diskussionen wie "Was wäre denn, wenn alle vegan leben würden?" Da habe ich natürlich auch keine Antwort drauf. Ich bin ja auch nicht derjenige, der anderen erzählen will, wie es laufen soll. Ich habe nur einen anderen Lebensweg.

I: Wie reagierst Du in solchen Situationen?

Heinz: Ich versuche, meine Maske hoch zu halten und ein bisschen zu diskutieren. Wenn es nicht mehr geht, höre ich auf; dann gehe ich weg oder werde manchmal auch ein bisschen aggressiv und mache einen Rundumschlag.

I: Fühlst Du Dich dann als Außenseiter?

Heinz: Wenn es um das Thema geht, ja. Ich habe nicht das Gefühl, dass ich allgemein nicht akzeptiert werde, aber wenn es um das Thema geht, denke ich schon, dass ich eine Sonderrolle einnehme.

I: Auch bei Freunden?

Heinz: Bei vielen Freunden, bei denen ich das erwartet hätte – die also selber viel Fleisch essen – gab es eigentlich so gut wie gar keine Diskussionen. Andere wollten nichts mehr mit mir zu tun haben.

I: Das ist ja eine heftige Reaktion.

Heinz: Ja, aber das bezog sich nicht nur auf den Veganismus, sondern auch auf Dinge wie keinen Alkohol zu trinken. Die dachten, ich wäre völlig abgedriftet, in eine Sekte gekommen oder so. Diese Freunde wollten dann weniger mit mir zu tun haben. Ich finde das einerseits schade aber andererseits habe ich dadurch viele neue Freunde und Freundinnen gefunden, bei denen eine ganz starke emotionale Basis vorhanden ist. Mein größtes Problem im sozialen Umfeld ist, dass ich oft versuche, möglichst vielen Leuten klar zu machen, was ein

Verhalten wie Fleisch zu essen oder Leder zu tragen für Folgen hat. Aber mir gelingt dann dieser Spagat zwischen möglichst viel ändern zu wollen und die andere Seite auch akzeptieren zu wollen nicht so richtig. Das ist wirklich ein großes Problem bei mir.

I: Warum bleibst Du trotz dieser Probleme vegan?

Heinz: Ich will einfach nicht an dieser Mordindustrie teilhaben. Ich möchte so eine Art Stimme für die Tiere sein und anderen Leuten die Informationen geben, die ihnen fehlen. Es ist ja leider nicht allgemein bekannt, was zum Beispiel bei der Milchindustrie passiert.

I: Was würde denn Deinen veganen Lebensstil erleichtern? Was wäre zu ändern, damit Du Dich in Deinem Umfeld wohler fühlen würdest?

Heinz: Es müsste nur aus Veganern bestehen. *(Heinz lacht)* Nein, das würde das Problem einfach nur beiseite schieben, auf einen anderen sozialen Kreis. Ich will schon möglichst viele Veganer kennen, aber ich möchte mich auch mit Anderen auseinander setzen. Manchmal ist der Veganismus schon ein bisschen schwierig, denn bei manchen Leuten driftet das tatsächlich ein bisschen ins Sektenähnliche ab. Ich bin manchmal auch so wütend, da will ich nur noch was mit Veganern und Veganerinnen zu tun haben. Ich will dann auch mal unter Leuten sein, die bei dem Thema nicht unbedingt Basisauseinandersetzungen stattfinden lassen müssen. Andererseits finde ich das auch immer ein bisschen schade, denn ich finde es gut, auf Leute zuzugehen und mit ihnen zu diskutieren. Wenn sich da was ändern soll, dann muss ich es ändern.

I: Wie meinst Du das?

Heinz: Beispielsweise es schaffen, dass eine akzeptierende Grundhaltung da ist und nicht dieses leicht misstrauische: "Wollen wir mal gucken, in ein paar Jahren bist Du dann schon irgendwie abgemagert." Das passiert schon öfters mal, dass solche Sprüche kommen.

I: Was heißt öfters mal?

Heinz: Ich habe die Erfahrung gemacht, dass je stärker ich jemandem auf den Schlips trete, desto gemeiner kommt es dann wieder zurück. Ich finde das ziemlich frustrierend, wenn ich merke, mein Gegenüber kommt gerade ins Nachdenken und fängt vielleicht an, zu begreifen und dann ist die Diskussion auch schon zu Ende. Das ist immer schwierig, weil die Meisten das gar nicht wollen, denn dann müssten sie ja was ändern.

I: Was würdest Du im Nachhinein sagen, gab es ein einschneidendes Erlebnis, durch das Du zum Veganer wurdest?

Heinz: Ich begreife den Veganismus als einen Prozess. Ich glaube, da gab es gar keinen richtig einschneidenden Punkt. Ich denke, das fängt irgendwo an, aber hört nicht unbedingt irgendwo auf. Auch zwischen dem Vegetarismus und Veganismus habe ich keinen Schnitt gesehen. Sicher, es gab einen Tag, an dem ich mich entschieden habe: "Ab heute esse ich keine Eier und trinke keine Milch mehr." Aber ich denke, das Bewusstsein hat sich in den Vegetarier-Jahren davor langsam entwickelt. Dann ist es irgendwann so weit gekommen, dass ich mich so beschissen gefühlt habe, dadurch dass ich noch Käse oder Milch zu mir genommen habe, und dann habe ich gesagt: "Nee, jetzt mach ich das nicht mehr."

I: Kannst Du das Gefühl näher beschreiben, als Du Dich "beschissen" gefühlt hast?

Heinz: Das war ein Abend, an dem ich mit Bekannten über Veganismus diskutiert habe. Danach war ich abends alleine zu Hause und war einfach stinkwütend auf mich, weil ich dieses Bewusstsein, dass so was scheiße ist, zwar hatte, aber zu faul war, irgendwas zu ändern. Ich habe mich auf dem Gedanken ausgeruht: "Ich bin Vegetarier und mache ja schon was." Da hatte ich eine Stinkwut auf mich.

I: Gibt es etwas, das Dir diesen Weg hätte erleichtern können?

Heinz: Ich habe mir nur selbst im Weg gestanden.

I: Glaubst Du, dass die Pädagogik etwas in der Gesellschaft verändern kann, damit es leichter wird, vegan zu leben?

Heinz: Pädagogik und Gesellschaft? Ja. Aber davor müssten ganz viele Auseinandersetzungen stattfinden. Ich denke, ganz wichtig ist es, dass das Thema Veganismus auch auf die Straße gebracht wird, durch irgendwelche Flugblatt-Aktionen, Info-Stände oder Diskussionsabende oder durch eine vegane Volksküche, wobei das auch mehr Kleingruppencharakter hat. Ich finde es wichtig, dass nicht nur mal ein Fernsehbeitrag kommt, in dem erklärt wird, was Veganismus ist und eine Person vorgestellt wird, die das gemacht hat oder immer noch macht. Das hat oft den Unterton: "Was? Die lebt noch?" *(Heinz lacht)* Ich denke, das bringt nichts. Also es bringt vielleicht schon was, zumindest so ein kurzes "von der Zeitung aufblicken" oder so, aber ich denke das Wichtigere ist, mit den Leuten persönlich zu diskutieren, auch auf die Leute zuzugehen. Ich glaube, je mehr Veganer wir werden, und je mehr wir auf die Straße gehen und versuchen, uns publik zu machen und uns für die Tiere einzusetzen, umso eher muss uns irgendwann Raum zugestanden werden.

I: Was wäre denn für Dich das Wichtigste, was sich ändern sollte?

Heinz: Das sind viele Kleinigkeiten, die es mir einfacher machen würden, zum Beispiel ein größeres Warenangebot oder deutliche Kennzeichnungen, ob ein Produkt vegan ist oder nicht. Das sind so kleine Stolpersteinchen. Ich habe mich mittlerweile schon daran gewöhnt, Zutatenlisten von Kosmetika oder Seifen durchzulesen und immer nachzufragen.

I: Kaufst Du die Produkte hier in der Region oder bestellst Du sie auch im Internet?

Heinz: Ich kaufe sie hier. Im Prinzip sind diese Vegan-Shops schon eine gute Sache, die man unterstützen könnte, aber ich kaufe lieber in meinem Umfeld ein. Ich sehe auch einen Ansatzpunkt darin, solange rumzunerven und Fragen zu stellen, bis es bestimmte Produkte hier gibt. So gibt es ja mittlerweile auch Soja-Eis in den Eisdielen.

I: Heinz, vielen Dank für das Gespräch.

Zehn Jahre später berichtet Heinz (inzwischen 35 Jahre) folgendes:

I: Hallo Heinz. Es sind nun einige Jahre vergangen. Lebst Du immer noch vegan?

Heinz: Ich lebe jetzt überwiegen lakto-vegetarisch. Wenn ich Einladungen von Freunden oder Bekannten bekomme, esse ich auch ovo-lakto-vegetarische Gerichte. Zuhause koche ich ausschließlich vegan. Es gibt immer mal wieder Phasen in meinem Leben, in denen ich mich wieder konsequent vegan ernähre, mit Ausnahme von Einladungen bei Freunden.

I: Aus welchen Gründen lebst Du nicht mehr konsequent vegan?

Heinz: Einerseits aus Genuss – früher hätte ich das wahrscheinlich als Schwäche formuliert – andererseits aus der Erkenntnis, dass es für mich wichtigere Dinge im Leben gibt. Ich kaufe zum Beispiel heute lieber Käse vom Biobauernhof um die Ecke als gefälschten Sojakäse, den ich im Internet von wer weiß wo bestellen muss. Wichtig ist für mich auch die Erkenntnis gewesen, dass eine vegane Ernährung ohne weiteres Engagement nur eine kapitalistische Konsumform ist und keineswegs politisch.

I: Wie reagiert Deine soziale Umwelt heute auf Deine nicht-vegane Lebensweise?

Heinz: Durchaus positiv. Da ich mich nicht mehr in einem veganen Bekanntenkreis separiere, findet viel mehr Austausch und Toleranz auf beiden Seiten statt. Die Frage ist wahrscheinlich auch nicht unbedingt, wie mein soziales Umfeld auf meine Ernährungsweise reagiert, sondern auch, wie ich damit umgehe.

I: Gibt es Dinge, die Du im Hinblick auf eine vegane Lebensweise rückblickend anders machen würdest?

Heinz: Auf jeden Fall. Ein großer Fehler war, dass ich predigend durch die Welt gegangen bin. Niemand ist ein besserer Mensch, nur weil er sich anders ernährt. Früher dachte ich, dass ich mir durch den veganen Bekanntenkreis einen Schutzraum geschaffen hätte. Heute denke ich eher, dass ich unbequemen Diskussionen und Auseinandersetzungen aus dem Weg gegangen bin.

I: Wie bewertest Du heute das Image oder das Ansehen von Veganern in der Gesellschaft?

Heinz: Das kann ich nicht beurteilen, denn ich habe keine Veganer mehr in meinem Bekanntenkreis. Ich denke aber, dass das Thema Veganismus fast völlig aus der Öffentlichkeit verschwunden ist. Allerdings stoßen Vegetarier – und damit auch Veganer – durch öffentliche Ereignisse wie zum Beispiel den Gammelfleischskandal auf wesentlich mehr Verständnis und Zulauf als früher.

7. Eine Lebensphilosophie
(Michael, 27, Praktikant)

I: Hallo Michael. Schön, dass Du Zeit hast. Seit wann lebst Du vegan?

Michael: Seit etwa vier Jahren.

I: Wie bist Du zum Veganismus gekommen?

Michael: Zum Veganismus bin ich durch eine Bekannte gekommen. Ich war vorher vier Jahre Vegetarier, war oft auf Demonstrationen und stand dem Veganismus noch ziemlich skeptisch gegenüber. Nachdem ich mich länger damit befasst habe, Bücher gelesen und mich mit Leuten unterhalten habe, war es dann nach einer Weile klar, vegan zu leben.

I: Wie bist Du zuvor vegetarisch geworden?

Michael: Viele Leute haben ja, was das Vegetarische anbelangt, eine Schlüsselsituation, dass sie zum Beispiel eine Schlachthofszene gesehen haben, am Schlachthof waren oder ein eigenes Tier getötet wurde. Bei mir war das eine Entwicklung, dass ich jemanden kennen gelernt habe, der vegetarisch lebte und der mich dann durch Aufklärung und Flugblätter informiert hat. Mich hat das interessiert und ich habe mich dann immer mehr damit beschäftigt.

I: Du kanntest also jemanden, der vegan war und bist dadurch Vegetarier geworden?

Michael: Ja, genau. Da kommen aber viele Dinge bei mir zusammen. Der Veganismus war ein starker Begriff in der Hardcore- und Straight-Edge-Bewegung[23] und das hat mich irgendwo auch inspiriert. Das hat ein halbes Jahr gedauert, bis ich Vegetarier wurde. Ich habe das auch zu Hause angepasst, also immer weniger Fleisch gegessen, bis es dann irgendwann "Klick" gemacht hat, und ich endgültig davon losgekommen bin.

I: Was war für Dich der entscheidende Grund, Vegetarier beziehungsweise Veganer zu werden?

Michael: In erster Linie waren es natürlich ethische Gründe. Also die Achtung vor dem Leben.

---

[23] Bewegungen innerhalb der Jugendkultur

Die Tatsache, dass Blut vergossen wird für den Gaumenkitzel und dass dies in keinem Verhältnis zueinander steht. Dass Tiere auch eine Seele haben und leiden. Dass es einfach Mitgeschöpfe sind. Dass es keine Rechtfertigung gibt, sie zu töten. Wo auf der einen Seite die Befriedigung des Gaumenkitzels steht und auf der anderen Seite die ganzen Interessen, die das Tier hat: sich fortzupflanzen, Freude zu haben, zu spielen, sich im Dreck zu suhlen, all diese Geschichten.

I: Was bedeutet der Veganismus für Dich?

Michael: Der Veganismus ist für mich eine Lebensphilosophie. Sie umfasst die Achtung vor dem Lebewesen, die Liebe zu den Tieren und es ist auch ein politischer Aspekt. Also die globale Ausbeutung der Tiere, der Natur, der Umwelt, der Menschen. Vegan heißt für mich nicht nur, auf tierische Produkte zu verzichten, sondern auch politisch zu konsumieren.

I: Wie haben Deine Eltern reagiert, als Du Vegetarier wurdest?

Michael: Zuhause habe ich immer weniger Fleisch gegessen und irgendwann haben meine Eltern das auch akzeptiert. Sie akzeptieren auch, dass ich vegan lebe.

I: Und wie haben sie reagiert, als Du vegan wurdest?

Michael: Das war am Anfang ein bisschen unverständlich für sie. Aber mittlerweile ist das für sie vollkommen klar. Für meine Mutter mehr als für meinen Vater. Aber im Grunde auch für meinen Vater.

I: Und wie hat Deine restliche Umwelt reagiert, als Du vegan wurdest?

Michael: Mein soziales Umfeld hat sich im Laufe der Zeit natürlich verändert. Freunde, die noch Fleisch gegessen haben, völlig unpolitisch waren und nur ihre Karriere und Studium im Kopf hatten oder nur Frauen oder Autos, mit denen konnte ich einfach nichts mehr anfangen. Diese Freundschaften haben sich gelöst. Ich habe dann jede Menge neuer Freunde und Freundinnen kennengelernt. Natürlich gibt es auch viele oberflächliche Veganer, Vegetarier, Hardliner und dogmatische Leute. Aber letzten Endes ist es auf jeden Fall eine positive Entwicklung. Zumindest empfinde ich es als positiv.

I: Wie reagieren neue Bekannte auf Dich, wenn sie erfahren, dass Du vegan bist?

Michael: Es kommt darauf an, wo man sich gerade befindet. Meistens wird man ein bisschen belächelt. Aber in der Regel mache ich keine schlechten Erfahrungen, weil ich immer erkläre, warum ich das mache und mich nicht einschüchtern lasse. Also den Veganismus dann halt einfach vorlebe. Und das macht immer Eindruck. *(Michael lacht)*

I: Ist es sehr wichtig für Dich, vegane Freunde zu haben?

Michael: Das ist für mich schon sehr wichtig, denn ich kann mit Fleisch fressenden Menschen nichts mehr anfangen.

I: Das hört sich an, als wenn Du keine Probleme als Veganer hast.

Michael: Doch, die habe ich. Die größten Probleme sind, dass man nicht mehr tun kann, als sich zu engagieren und man sich damit abfinden muss, dass man nichts grundlegend ändert. Sich damit abzufinden, das ist so ein Knackpunkt. Es wäre schön, wenn viele Menschen viele kleine Dinge tun würden, dann würde sich die Welt ändern.

I: Wie könnte das Deiner Meinung nach geschehen?

Michael: Indem man die Leute zum Beispiel aufklärt und Infostände macht. Hier sollte man in erster Linie taktisch vorgehen. Die Leute dazu bewegen, erstmal vegetarisch zu leben. Weil der Veganismus für die meisten Leute einfach eine Überforderung ist. Allein der Vegetarismus ist ja für die meisten Leute schon eine Überforderung. Da kann ich mich an Demos von früher erinnern, wo wir vor McDonald's standen und dann der Organisator erklärte, was vegan ist und was das bedeutet. Das wurde von den Schaulustigen auch verlangt. Da muss man einfach damit rechnen, dass die den Kopf schütteln und total abblocken. Da muss man erstmal schrittweise vorgehen und den Leuten ein Bewusstsein vermitteln, was sie da konsumieren, woher das stammt; wie viel Blut, Leid und Elend damit verbunden ist, und dass das im Grunde ein perverses Vergnügen ist. Aber leider ist alles so alltäglich geworden, das geht den Leuten ins linke Ohr rein und aus dem rechten wieder raus. Und es wird keine Verbindung hergestellt zwischen den grausamen Bildern und dem, was auf dem Teller liegt.

I: Hast Du eine Erklärung, warum die Menschen so reagieren?

Michael: Fleisch zu essen ist einfach tief verwurzelt in der Menschheit, etwas Alltägliches und so ein Mythos. Es herrscht immer noch der Mythos

"Wenn ich kein Fleisch esse, dann fehlt mir irgendwas", obwohl das totaler Quatsch ist. Das ist wissenschaftlich belegt. Jeder Vegetarier beweist allein schon durch sein Dasein, dass man Fleisch nicht braucht.

I: Sagst Du neuen Bekanntschaften sofort, dass Du vegan lebst?

Michael: Ich sage nicht immer, dass ich Veganer bin. Meistens sage ich, dass ich mich für die vegetarische Ernährungsweise einsetze. Je nachdem, was für ein Mensch das ist, sage ich dann auch, dass ich Veganer bin.

I: Warum machst Du diese Differenzierung?

Michael: Um zu gucken, ob die Leute überhaupt darauf ansprechen. Ob da ein Interesse ist oder ob das jemand ist, bei dem es sowieso keinen Sinn macht. Da habe ich einfach zu viele negative Erfahrungen gemacht. Man redet stundenlang auf Leute ein, obwohl man eigentlich schon nach fünf Minuten merkt, dass es denen egal ist. Da redet man sich oft den Mund fusselig und hört nur: "Ja, ja, Du hast Recht." Manche Leute sind für das Ethische nicht ansprechbar. Die muss man von der ökologischen Seite her ansprechen oder von der gesundheitlichen.

I: Und was könnte man Deiner Meinung nach noch tun?

Michael: Durch meine eigene Erfahrungen denke ich, kann man auf die Jugend hoffen. Vielen kleinen Kindern muss man auch einfach nur was sagen, und wenn die Eltern nicht dahinter ständen, würden sie aufhören, Fleisch zu essen. Ich habe auch schon mitbekommen, dass jemand dem Sohn seines Nachbarn erzählt hat, wie die Tiere zu Tode kommen. Der Sohn wollte dann aufhören mit dem Fleisch, aber die Eltern haben solch einen Druck gemacht, dass er es wieder gegessen hat.

I: Du meinst, Kinder reagieren darauf noch sensibler?

Michael: Auf jeden Fall. Obwohl es natürlich auch Unterschiede gibt, zum Beispiel so Jugend- oder Kindheitserlebnisse, bei denen man einer Fliege die Flügel ausreißt oder einen Frosch aufpumpt. Aber welches Kind mag denn keine Tiere? Ich kenne ein Pärchen, dass Kinder hat, die auch vegetarisch leben. Ab und zu essen die Kinder auch schon mal aus Trotz irgendwo Fleisch. Aber so sind eben Kinder.

I: Warum bleibst trotz einiger Schwierigkeiten vegan?

Michael: Weil es meine Überzeugung ist.

I: Du kannst Dir also nicht vorstellen, einen Schritt zurückzugehen?

Michael: Nein. Wenn man das System durchschaut hat und auch die Bilder im Kopf hat, weiß man einfach, dass man nicht zurückgehen kann.

I: Gibt es sonst noch etwas, das Du zum Veganismus sagen möchtest?

Michael: Ja. Manchmal ist es vielleicht doch besser, mal Kompromisse einzugehen, also das geringste Übel zu wählen. Ich nenne jetzt mal ein banales Beispiel: Wenn man bei der Oma eingeladen ist und ein Stück unveganen Kuchen mit isst, um einen familiären Stress zu vermeiden. Ich denke, das ist dann im Rahmen des Akzeptablen. Wichtig ist auch, dass man sich irgendwie engagiert und das nicht nur für sich selbst macht. Dass man immer das Bestreben hat, Andere überzeugen zu wollen. Und nicht denkt "Ja, muss jeder selber wissen, ob er Fleisch isst oder nicht", denn Ethik hat nichts mit Persönlichkeit zu tun, das ist einfach nicht teilbar. Wie man sich engagiert, muss jeder selbst wissen, wie viel Risiko er auf sich nehmen möchte. Ich finde, dass jede Aktion wichtig ist, ob ich jetzt einen Infostand mache oder Tiere befreie, Flugblätter verteile oder einen Leserbrief schreibe.

I: Michael, ich danke Dir für das Interview.

Neun Jahre später berichtet Michael (inzwischen 36 Jahre) folgendes:

I: Hallo Michael. Es sind nun ein paar Jahre vergangen, seitdem wir über vegane Lebensstile gesprochen haben. Lebst Du heute immer noch vegan?

Michael: Nein, ich lebe inzwischen wieder vegetarisch. Milch nehme ich nur über Cappuccino zu mir, also wenn ich unterwegs bin. Und am Wochenende esse ich schon mal ein Bio-Ei. Lederprodukte lehne ich weiterhin konsequent ab. Auch in der Kosmetik verwende ich überwiegend tierversuchsfreie Produkte.

I: Aus welchen Gründen lebst Du jetzt nicht mehr vegan?

Michael: Bei meiner konsequenten veganen Lebensweise kam es zu Konzentrationsschwächen und ich kann und möchte einfach nicht auf Käse verzichten, wobei ich mich aber auch da meistens zurückhalte. Von einer konsequenten veganen Lebensweise bin ich auch aus gesundheitlichen Gründen nicht mehr überzeugt.

I: Gibt es Dinge, die Du in Hinblick auf eine vegane Lebensweise rückblickend anders machen würdest?

Michael: Ja. Zum Beispiel mehr Dinge vorleben anstatt ständig zu versuchen, zu bekehren.

I: Wie bewertest Du das Image oder das Ansehen von Veganern in der Gesellschaft?

Michael: Die Vegetarier werden zunehmend mehr verstanden und die Veganer werden immer eine Minderheit bleiben.

I: Michael, ich danke Dir für das Gespräch.

8. Friedvoll mit allen umgehen (Richard, 33, Informatiker)

I: Hallo Richard. Schön dass Du Zeit hast. Wann wurdest Du vegan?

Richard: Vegan wurde ich ungefähr vor einem Jahr und vegetarisch wurde ich vor ungefähr sieben bis 10 Jahren.

I: Warum wurdest Du Vegetarier?

Richard: Das war ein längerer Prozess und hatte erstmal nur damit zu tun, dass mir in der Mensa das Fleisch nicht schmeckte und ich auch ohne auskam. Zudem hatte ich gelesen, dass der Vegetarismus in spirituellen Dingen nicht schlecht sei. Das war also ein langer Prozess, bei dem ich lange Zeit nur das Fleisch reduziert habe und dann irgendwann Vegetarier war, ohne es direkt zu merken. Ich habe dann mal wieder ein Stück Fleisch gegessen und festgestellt, dass mir das überhaupt nicht bekam. Da habe ich erst so richtig begriffen, dass ich nun Vegetarier war. *(Richard lacht)*

I: Warum wurdest Du später vegan?

Richard: Dafür waren vor allem ethische Aspekte ausschlaggebend, besonders das Mitgefühl für die Tiere. Dabei sehe ich das Ganze in einem größeren Zusammenhang und versuche, friedvoll mit allen Wesen und mit allem Leben umzugehen. Das schließt dann die Tiere mit ein. Vegan zu leben ist einfach ein kleiner Baustein einer größeren Sache.

I: Kannst Du das näher erläutern?

Richard: Ein veganer Lebensstil bedeutet für mich, dass ich möglichst auf tierische Produkte verzichte, in welcher Form auch immer. Das heißt beim Essen natürlich, auf Milch, Eier und Fleisch zu verzichten. Das heißt aber auch, dass ich kein Leder und auch keine anderen tierlichen Stoffe benutze, zum Beispiel in Kosmetika. Zudem achte ich darauf, dass die Sachen nicht in Tierversuchen getestet wurden.

I: Wie reagierte Deine Umwelt auf diese Lebensweise?

Richard: Eigentlich sehr gelassen. Da das Vegetariertum schon ein längerer Prozess war, war es irgendwann so, dass die das auch hingenommen haben. Zu Anfang haben meine Eltern zwar noch gemeint: "Du musst doch mal was Richtiges essen!", aber das hat sich nach einer Zeit gegeben. In letzter Zeit war der Veganismus oder Vegetarismus kein Thema, außer mal bei einer Bauernparty, wo ich meine Tofuwürste zu den anderen legte und ein eingefleischter Bauer der Meinung war, dass die Tiere zum Schlachten da sind. Das war das Einzige, wo es mal ein bisschen kontrovers wurde. Aber ansonsten lebe ich gut damit. Die Umwelt reagiert vielleicht mal überrascht, aber es ist kein Thema, sein Obst auszupacken und mitzuessen, wenn die Anderen was essen.

I: Hast Du Probleme, vegane Lebensmittel oder Kleidung zu erwerben?

Richard: Klar! Die Läden sind einfach sehr weit entfernt. Da hat man schon Probleme. Es ist eine gewisse Unbequemlichkeit, die man für die Tiere auf sich nimmt.

I: Wie sieht das konkret aus?

Richard: Ich habe zwar Freunde, die einen Naturkostversand haben und so komme ich ganz gut an Kleidung und andere Dinge, aber einen lederfreien Gürtel zu bekommen ist mir noch nicht gelungen. Ich kenne zwar eine Adresse in England, aber das muss man erst noch alles ausprobieren. Das läuft dann alles auf Probieren hinaus, mal bei Öko-Versandhäusern gucken oder in großen Warenhäusern.

I: Warum bleibst Du trotz dieser Probleme vegan?

Richard: Vegan bleibe ich aus ethischen Gründen, den Tieren zuliebe. Einfach, weil ich der Meinung bin, dass es O.K. ist, wenn ich kleine Unannehmlichkeiten auf mich nehme, damit kein Anderer leiden muss.

I: Akzeptiert Deine Umwelt diese Meinung?

Richard: Ja, die Meinung wird akzeptiert und manchmal auch als Anregung genommen. Ich hatte schon öfters Gespräche, bei denen die Anderen im Prinzip der gleichen Meinung waren, aber das aus irgendwelchen Gründen nicht konsequent umsetzen wollten und meinten: "Ach ja, das ist auch eine Idee, kann ich ja mal probieren."

I: Wie kommt es denn zu solchen Gesprächen?

Richard: Es fällt eben auf, wenn alle ihr gekochtes Zeug essen und Du mit Rohkost daneben sitzt. Ich bin auch von der Statur nicht ganz so verhungert und das sorgt dann für Gesprächsstoff. *(Richard lacht)*

Ich denke, es ist auch sehr wichtig, dass man das Ganze nicht dogmatisch sieht, sondern durchaus auch mal bereit ist, Milchprodukte oder so was zu essen, dass es um das "Gemeinfriedfertige" geht – allen Wesen gegenüber.

I: Gelingt es Dir auch gegenüber Fleischern oder Jägern friedfertig zu sein?

Richard: Ja. Friedfertigkeit gilt auch gegenüber Jägern, Fleischern und Anderen. Aber das heißt nicht, dass ich mich mit dem was sie tun anfreunden muss oder ich es für gut halte. Ich versuche, allen Menschen Achtung entgegenzubringen.

I: Wie könnte man Deiner Meinung nach die Situation von Veganern verbessern?

Richard: Es müssen einfach mehr Veganer werden. In den letzen Jahren sind ja auch sehr viele Bioläden aus dem Boden geschossen und mittlerweile gibt es in jedem größeren Supermarkt eine Bioecke. Ich denke, das ist der Zahn der Zeit. Wenn immer mehr Leute sich öffentlich zum veganen Lebensstil bekennen und das auch einfordern, dann geschieht es automatisch. Die Tendenz ist, dass viele Leute in der normalen Bevölkerung auch bewusster werden und das Fleisch reduziert wird. Klar ist, dass man niemanden dazu zwingen kann, denn das wäre Gewalt. Und es hat sich eigentlich immer gezeigt, dass Gewalt nur Gegengewalt erzeugt. Es geht, wenn überhaupt, nur über einen Bewusstseinswandel. Und den kann man oft dadurch beschleunigen, dass man als Veganer gut auftritt und die dogmatische Seite weglässt. Ich habe es erlebt, dass man schief angeguckt wird, wenn man das Wort "vegan" in den Mund nimmt und den Fleischessern dann Überfälle auf Metzger oder andere Dummheiten einfallen. Wobei ich nichts dagegen habe, Tiere zu befreien, aber es gibt auch irgendwo eine Grenze. Und wenn dadurch der ganze vegane Lebensstil in den Ruf gerät, gewalttätig zu sein, ist das schon etwas bedenklich.

I: Hast Du eine konkrete Vorstellung davon, wie man den Veganismus stärker in der Gesellschaft etablieren könnte?

Richard: Eigentlich nur dadurch, dass man Anderen konkrete Beispiele gibt. Durch das, was ich lebe. Das ist eigentlich die beste Art und Weise. Vielleicht auch mal mit den Leuten über Ernährungstheorien oder Ähnliches reden, denn da gibt es ja auch viel Kraut und Rüben zu dem

Thema. Aber es ist eigentlich wie bei der Spiritualität: Letztendlich ist nur das, was man selbst lebt, das Entscheidende.

I: Gibt es sonst noch etwas, das Du zum Thema Veganismus sagen möchtest?

Richard: Der Veganismus ist für mich auch die konsequente Umsetzung des Gebotes der Bibel "Du sollst nicht töten". Und es ist für mich auf meinem spirituellen Weg eine Grundvoraussetzung. Wobei ich merke, dass bestimmte Dinge klarer zu erkennen sind, wenn man vegan lebt. Und trotzdem ist Toleranz gegenüber den Fleischessern angesagt, wenn sie ihre Lebensaufgabe erfüllen. Wobei natürlich immer die Frage ist, was im Vordergrund steht. Will man selbst nur einen veganen Lebensweg beschreiten oder etwas Anderes schaffen? Und es ist insofern interessant, wenn die Leute auf der Suche sind oder noch nicht ganz an sich arbeiten, diese zu ermuntern, vegan zu leben. Bei Leuten, die sowieso schon sehr gemeinnützig leben, schneide ich das Thema zwar auch an, aber bestehe nicht so sehr darauf. So gibt es ältere Leute, für die gehört das Fleisch aus irgendwelchen Gründen dazu, die tun dafür auf einem anderen Gebiet etwas Gutes für die Gesellschaft. Dann ist das irgendwie ein Schönheitsfleck, den man verschmerzen kann. Ich denke mal, da ist dann auch Taktgefühl von den veganen Leuten gefordert, wo es angebracht ist, deutlich für Tiere einzustehen und Tiere zu befreien oder wo es auch mal angebracht ist, ein Auge zuzudrücken.

I: Du meinst also, dass alle Menschen altruistischer leben sollten?

Richard: Ja. In gewissem Sinne kann man sagen, dass es nach der Maxime "Mitgefühl für alle" geht. Und das geht eben nur, wenn man selbst glücklich werden kann; wenn alle Wesen glücklich sind, da ja alles zusammenhängt. Das heißt aber auch, dass man die Pflicht hat, es nicht nur sich selbst, sondern auch den Anderen gut gehen zu lassen. Aber auch, dass man Andere aktiv schützen muss, was viel Mut und Courage fordert. Es geht darum, dass alle Wesen sich besser fühlen und nicht nur ein paar ausgewählte.

I: Ich danke Dir für das Interview.

Eine Nachfrageerhebung war leider nicht möglich.

9. Kein Qualitätsverlust
(Sabine, 14, Schülerin)

I: Hallo Sabine. Schön, dass Du an der Befragung teilnimmst. Wie bist Du vegan geworden?

Sabine: Meine ältere Schwester ist eines Tages nach Hause gekommen und hat gemeint, sie esse jetzt kein Fleisch mehr. Das kam mir etwas seltsam vor und ich fragte nach.

I: Wie alt warst Du zu dem Zeitpunkt?

Sabine: Da war ich in der zweiten oder dritten Klasse und habe blöde Ausreden gefunden, warum ich noch Fleisch essen will, zum Beispiel dass die Tiere extra dafür gezüchtet würden. Irgendwann habe ich mir überlegt, dass ich das auch mal machen kann, also eher aus Spaß. Dann habe ich kein Fleisch mehr gegessen. Und dann habe ich darüber nachgedacht, warum sie das macht und habe das gut gefunden und bin Vegetarierin geworden. Später hat sie auf einmal gar nichts Tierisches mehr gegessen. Das fand ich dann wiederum ziemlich übertrieben. Aber dann hat sie gesagt, dass die Tiere auch für Eier und so etwas sterben müssen, und dann bin ich Veganerin geworden.

I: Hast Du Deine Informationen hauptsächlich durch Deine Schwester oder auch durch Andere erhalten?

Sabine: Durch meine Schwester. Sonst durch niemanden.

I: Wie alt warst Du, als Du Vegetarierin wurdest?

Sabine: Etwa neun Jahre.

I: Wie haben Deine Eltern darauf reagiert?

Sabine: Ich weiß gar nicht mehr. Ich glaube, am Anfang waren sie nicht so begeistert. Sie haben gemeint, das wäre nur eine Phase und haben es leicht genommen. Dann haben sie sich damit abgefunden.

I: Und als Du später vegan wurdest?

Sabine: Das fanden sie nicht so gut. Meine Mutter hat gemeint, dass meine Knochen kaputt gehen und mein Vater meinte: "Dann können wir ja gar nichts mehr kochen!" und so. Aber jetzt haben sie sich damit abgefunden.

I: Wie lange lebst Du jetzt vegan?

Sabine: Vegan lebe ich seit ungefähr zwei Jahren.

I: Bezieht sich der Veganismus bei Dir nur auf die Ernährung oder auch auf Produkte wie Wolle und Leder?

Sabine: Auch auf das. Ich trage nichts Tierisches und auch keine Kosmetik.

I: Was bedeutet der Veganismus für Dich?

Sabine: Nichts Tierisches zu benutzen und nichts zu unterstützen, für das die Tiere leiden oder in irgendeiner Form ausgebeutet werden.

I: Wie reagierte Deine Umwelt auf Deine Lebensweise?

Sabine: Wenn ich sage: "Ich bin Veganerin", dann schlucken erstmal alle. "Oh, wie schaffst Du das?" und so. Meine Freundinnen finden es gut. Sie machen es zwar nicht selbst, aber finden es O.K. und verstehen auch, dass man noch genug essen kann. Und auch bei der Kleidung merken sie, dass man was anziehen kann. *(Sabine lacht)* Wenn ich sage: "Ich trage kein Leder", dann sagen sie "Oh, dann kannst Du ja keine Schuhe mehr tragen" oder so. Aber das stimmt eben auch nicht. Nicht alle Schuhe sind aus Leder.

I: Hast Du als Veganerin Probleme in der Schule oder auf Klassenfahrten?

Sabine: Nein. Ich war letztens im Konfirmandenausflug, da habe ich extra Essen bekommen. Das war viel besser als das der Anderen. Der Pfarrer hat extra mit den Köchen dort gesprochen und die haben mir dann was gemacht.

I: Kannst Du konkret zusammenfassen, warum Du Veganerin bist?

Sabine: Weil ich die Tierausbeutung auf keinen Fall unterstützen will. Ich weiß nicht, ich hätte immer ein schlechtes Gewissen, wenn ich jetzt Leder tragen oder Fleisch essen oder Milch trinken würde. Ich würde mir immer die Tiere vorstellen und das ginge einfach nicht.

I: Bist Du schon mal "dumm angemacht" worden, weil Du Veganerin bist?

Sabine: Nein, eigentlich nicht. Ich muss es schon oft erklären, aber das geht.

I: Sabine, ich danke Dir für das Gespräch.

Acht Jahre später berichtet Sabine (inzwischen 22 Jahre) folgendes:

Ich bin mittlerweile 22 Jahre alt und studiere. Ich habe, seitdem ich vegan lebe, noch nie einen Grund gesehen, es nicht mehr zu tun. Meine Motive dafür sind die gleichen geblieben: Mir geht es immer noch schlicht und ergreifend darum, durch mein tägliches Handeln nicht mehr Leid über nichtmenschliche Tiere zu bringen, als sich nicht verhindern lässt.

Ich habe den Eindruck, dass es heute deutlich weniger umständlich ist, vegan zu leben, als damals. Gewisse Trends im Mainstream, zum Beispiel Sojamilch auch als Nichtveganer zu konsumieren, und das Internet, haben vieles erleichtert.

Wie schon zur Zeit des Interviews hatte ich auch in der Zwischenzeit nie Probleme durch meine Lebensweise. Mittlerweile muss ich auch nicht mehr erklären, was unter vegan zu verstehen ist. Allerdings ist es noch immer hin und wieder nötig, aufzuzählen, was ich denn so esse. Ich bin dann jedes Mal relativ überrascht, weil ich mich frage, in welcher Welt und in welcher Zeit die Leute eigentlich leben. Wenn ich dann Käsekuchen, Tiramisu, Rumkugeln oder "Rocher" anbiete, kommt das immer gut an, wenngleich einige noch immer verwundert sind, dass das alles ohne Qualitätsverlust vegan herzustellen ist.

Ich denke, dass ich mittlerweile argumentativ besser dastehe als damals und mich nun auch auf akademischer Ebene mit Leuten über so genannte Tierethik auseinandersetzen kann. In meiner Philosophie-Zwischenprüfung habe ich beispielsweise Peter Singer, der von einigen als Begründer der Tierrechtsbewegung angesehen wird, vorgestellt. Es war ganz angenehm, einmal nicht erklären zu müssen, wieso es nicht ausreicht, für etwas gezüchtet worden zu sein, um Leid nicht als Leid zu erfahren, sondern über diese simplen Grundsätze hinwegzugehen und die "wirkliche", vernünftige Argumentation analysieren und anwenden zu können. In den meisten Gesprächen mit Leuten ist das nicht möglich. Die Wenigsten haben Lust, ihr Weltbild in Frage zu stellen und sich mit dem Gedanken konfrontiert zu sehen, dass sie aktiv Massenmord unterstützen.

Ich hoffe, durch mein Auftreten und Erscheinungsbild ein Gegengewicht zu den veganen Ökos darzustellen, die, öffentlich stillend und ausschließlich in Leinen gekleidet, der breiten Masse wohl kein besonders attraktives Bild des Veganismus bieten und das Ganze als exotisch und als etwas für seltsame Gutmenschen erscheinen lassen.

Was sich noch seit damals geändert hat, ist, dass ich den Leuten heute nicht mehr gleich zu Anfang sage, dass ich vegan lebe, sondern das manchmal erst nach Monaten in irgendeinem Zusammenhang zur Sprache kommt. Das liegt daran, dass ich glaube, dass es mehr bringt, wenn mich die Leute erst ein wenig kennen lernen und dann vielleicht überrascht sind, dass auch "Leute wie ich" vegan leben, anstatt von Anfang an alles, was ich tue und sage, unter diesem Gesichtspunkt zu betrachten und eventuell gering schätzen. Denn es ist nervig, dass sich für manche weniger hellen Geister mein ganzes Wesen aus dem Veganismus erklärt statt anders herum.

Beispielsweise bin ich ein so genannter "Gruftie" und lege Wert auf eine möglichst helle Haut und möglichst wenig Körperfett, solange es gesund ist Nebenbei: ich bin so gut wie nie krank, habe keine Allergien oder sonstige körperliche Beschwerden. Wenn ich nun besonders blass und schlank bin, behaupten manche, das liege an einer Fehlernährung. Etwas anders fällt ihnen ja nicht ein, außer dass es auf den Veganismus zurückzuführen ist.

Allerdings muss man sich – nicht nur als vegane Person – grundsätzlich mit vielen dummen Leuten herumschlagen. Hier haben sie lediglich etwas Neues gefunden, womit sie sich der Legitimation ihrer Lebensweise versichern können.

10. Negatives Bild
(Smilla, 32, Studentin)

I: Hallo Smilla, schön, dass Du Zeit hast. Wie wurdest Du vegan?

Smilla: Vegan wurde ich in England, da habe ich ein bestimmtes Buch gekauft und danach wurde ich vegan.

I: Wann war das?

Smilla: Das war im Juli 1997. Vorher war ich seit 1996 Vegetarierin. Also genau ein Jahr. Im Sommer 1997, das war in England, da habe ich mir dieses Buch "Living without Cruelty"[24] gekauft Nachdem ich das gelesen hatte, dachte ich: "Das muss aufhören!"

I: Und wie wurdest Du zuvor Vegetarierin?

Smilla: Irgendwie hatte ich schon oft darüber nachgedacht. Ich hatte es 1991 auch schon mal versucht, als ich erfuhr, dass ich einen extrem hohen Cholesterinspiegel hatte. Geerbt von meinem Vater, und der hatte mit 38 Jahren einen Herzinfarkt. Aber damals habe ich nach sechs Wochen aufgegeben. Es kam mir viel zu schwierig vor. Im Sommer 1996 häuften sich die Nachrichten über BSE, und da habe ich gedacht: "Das ist Wahnsinn. Das wird nie aufhören, so lange die Menschen Fleisch essen wollen. Und BSE ist sicher nur der Anfang." Ich habe sofort aufgehört, Fleisch zu essen und auch nie wieder welches angerührt. So richtig vegan kann man mich wohl nicht nennen. Noch nicht, denn das bezieht sich bisher nur auf mein Essen. Ich kann es mir einfach noch nicht vorstellen, auf Lederschuhe und Wollpullover zu verzichten. Ich hoffe, das kommt irgendwann noch.

I: Fehlen Dir dazu die Alternativprodukte?

Smilla: Ja. Also, klar, ich habe mir auch mal so einen Katalog kommen lassen, mit veganen Schuhen. Die gefallen mir aber einfach nicht und die Auswahl ist auch nicht groß. Und dann sind sie auch noch teuer.

I: Hast Du Kontakt zu anderen Veganern?

Smilla: Ich kenne einen, der hier wohnt, aber der ist wirklich der Einzige.

---

[24] Kay (1990): Living without Cruelty

Das ist ein Bekannter meiner Schwester. Wir beide haben uns neulich mal in einer Kneipe getroffen und da war er zufällig auch da. Da ging es darum, dass ich mir veganen Käse bestellen wollte und es so ein Riesenpaket gibt mit allen Sorten, das mir allein aber zu teuer ist. Und das teilen wir uns jetzt. Aber wie gesagt: Das ist der Einzige, den ich persönlich kenne.

I: Wie reagiert Deine Umwelt auf Deine vegane Lebensweise?

Smilla: Die haben kein Verständnis. Als ich Vegetarierin wurde, da ging es ja noch. Da sagten viele: "Ja, hast ja Recht" und "Man sollte weniger Fleisch essen" und "Ich esse ja so gut wie gar kein Fleisch mehr", obwohl die überall Schinken und Speck drin haben. Das ging noch. Aber wenn ich jetzt sage: "Nein, keine Milch, keine Eier", dann sagen sie oft: "Das ist krank, das verkraftest Du nicht, das muss man doch essen." Das würde mir keiner nachmachen, denke ich mal.

I: Wirst Du oft "dumm angemacht"?

Smilla: Ja. Das war aber auch schon als Vegetarier so. Manchmal habe ich den Eindruck, allein durch die Tatsache, dass man Veganer ist, wird man schon blöd angemacht. Die Leute scheinen das teilweise als Herausforderung zu verstehen. Oder als Beschuldigung. Da hat man noch gar nichts gesagt und wird gleich dumm angemacht.

I: Wie reagierst Du dann?

Smilla: Wenn ich gefragt werde, dann sage ich was ich denke. Es gibt dann schon mal Meinungsverschiedenheiten. Ich habe den Eindruck, dass ich mittlerweile viel mehr über Ernährung weiß, als die meisten Anderen. Neulich war ich zum Beispiel mit Freunden Essen und habe mir etwas bestellt, da war dann eine Soße am Rand vom Teller mit Quark oder so was. Das habe ich dann liegen gelassen, und dann fragte sie:"Isst Du das nicht?" und habe dann gesagt: "Nein!" und habe auch gesagt, warum. Darauf sagte eine Freundin nur: "Ja, davon halte ich ja nichts." Das kann sie aber überhaupt nicht begründen, weil sie von Ernährung nichts versteht. Und das ärgert mich manchmal, dass die Leute einen anmachen, obwohl sie gar keine Ahnung haben.

I: Wie reagierst Du dann?

Smilla: Tja, es ist schwer. Ich denke immer, in der Öffentlichkeit ist das Bild von Veganern nicht besonders toll. Und darum versuche ich, mich zu beherrschen, freundlich zu bleiben und es einfach zu erklären, wie es ist. Und es ist meistens auch so, dass die Leute dem nicht viel entgegen zu setzen haben, weil sie einfach unvorbereitet sind.

I: Siehst Du Dich als Außenseiter?

Smilla: Eigentlich ja. Also ich hänge es wie gesagt nicht unbedingt an die große Glocke und dann geht es eigentlich.

I: Haben sich Freunde aufgrund des Veganismus von Dir distanziert?

Smilla: Nein. Die reagieren vielleicht ein bisschen komisch, aber sonst hat sich nichts geändert.

I: Wie ist das in Restaurants?

Smilla: Das geht eigentlich. Also es kommt drauf an. Ich gehe zum Beispiel nie zum Griechen, weil es da meiner Meinung nach nur Fleisch gibt und beim Italiener oder so, da findet man eigentlich immer etwas. Und wenn es eben Salat ist. Oft muss ich auch sagen: "Ohne Käse und ohne Ei", weil irgendwas doch immer drin ist. Aber ich bekomme schon etwas, so ist das nicht. Was ich schwierig finde, ist mal eben schnell unterwegs beim Bäcker etwas zu finden, wenn der Magen knurrt. Da gibt es eigentlich bloß trockene Brötchen. Und wenn man eine Bäckereiverkäuferin fragt, dann wissen die selbst nicht, was darin enthalten ist. Es ist ganz gut, wenn ein Reformhaus in der Nähe ist. Die wissen wenigstens, was ich will, wenn ich sage: "Ohne Milch und Ei" oder "vegan".

I: Wie ist das mit Bekleidung und Ähnlichem? Du sagtest vorhin, dass Du ein Problem hast, das zu bekommen.

Smilla: Ja. Ich habe mich noch nicht ganz dazu durchgerungen, auf Leder und Wolle zu verzichten. Es ist entweder teuer, wenn es synthetisch ist, und Baumwolle ist mir im Winter nicht warm genug. Und Synthetik… weiß ich nicht. Gutes wie Gore-Tex ist teuer oder es ist Plastikzeug, das kann ich nicht gut auf der Haut haben. Also irgendwas Schönes habe ich noch nicht gesehen.

I: Gibt es sonst noch etwas, was Dich stört?

Smilla: Ja. Was mich vor allen Dingen ärgert, ist die Darstellung in der Presse. Als ob man verbissen oder humorlos ist. Das kann ich schlecht beschreiben. Hast Du vielleicht das neue "Spiegel Special" zum Thema Ernährung gelesen, das letztes Jahr im Herbst erschienen ist?

Also, da ärgerst Du Dich schwarz, weil die Leute, die im Bioladen einkaufen, als humorlos und verkniffen dargestellt werden. Dabei finde ich, ist es eigentlich umgekehrt. Was mich auch immer ärgert, ist, wenn Leute sagen – auch als Vegetarier war das so: "Lass' mich doch essen, was ich will, ich lasse Dich ja auch essen, was Du willst." Das ist meiner Meinung nach keine persönliche Entscheidung. Meistens verkneife ich es mir sowieso, aber nicht immer. Die kapieren es irgendwie nicht.

I: Warum bleibst Du trotz dieser Probleme Veganerin?

Smilla: Ich denke, die Sache ist einfach wichtig. Außerdem habe ich noch die Hoffnung, dass im Laufe der Zeit Andere, die mit mir zusammen sind, vielleicht darüber nachdenken und es ein bisschen reduzieren. Ich war zum Beispiel neulich auf einen Geburtstagskaffee bei einer Kollegin eingeladen, die schon Mitte 40 ist, und die sagte: "Ja, was mache ich denn für Sie, welchen Kuchen?" und dann habe ich gesagt: "Lassen Sie mal, den mache ich selber." Und dann habe ich einen veganen Apfelkuchen gebacken und den haben natürlich alle probiert, weil sie neugierig waren, und sie waren dann völlig begeistert, dass der schmeckte, wie ein richtiger Kuchen. *(Smilla lacht)*

Am nächsten Tag wollte ihre Familie kommen, da war noch der halbe Kuchen über. Und da habe ich gesagt: "Ja, behalten Sie den, den können Sie ja morgen noch gebrauchen." Also die waren alle total erstaunt. Manche Leute müssen oder sollten aus gesundheitlichen Gründen so essen, und für die ist es vielleicht hilfreich, wenn sie so was mal probieren und sagen "Mensch, so was schmeckt ja!" Aber das ist auch irgendwie komisch, dass alle immer annehmen, dass das der Grund wäre bei mir, also dass ich komische Krankheiten hätte.

Ich war neulich mit Freunden essen und habe mir eine Pizza ohne Käse bestellt. Da fragte dann einer: "Verträgst Du keinen Käse?" und ich sagte: "Doch." "Aber warum machst Du das dann?" Ich sagte: "Den Tieren zuliebe." "Nur deswegen?", fragte sie, und dann sagte eine Freundin, die sogar Fleisch isst: "Das ist ja wohl Grund genug." Na ja, und dann erzähle ich so ein bisschen. Von Schweinen mit zusätzlich gezüchteten Rippen, denen der Rücken durchhängt, wodurch sie immer Schmerzen haben, oder Puten, die vor lauter Brust nicht mehr auf ihren eigenen Beinen stehen können und solche Sachen. Damit, dass ich den Leuten beim Essen den Appetit verderbe, habe ich dann auch keine Probleme. *(Smilla lacht)*

Es ist ja nicht so lange her, dass ich selbst noch Fleisch gegessen habe und ich mochte es auch. Darum sage ich auch dass ich nicht gerne missioniere, weil ich damals eher mit Trotz reagiert hätte. Ich habe mir zum Beispiel nie im Fernsehen Filme über Lebendtransporte oder Legebatterien angeguckt. Aber jetzt gucke ich mir die an und denke dann, dass das wohl alles Vegetarier sind, die jetzt vor dem Fernseher sitzen und sich so was ansehen. Sonst habe ich immer umgeschaltet. Manchmal sagt auch einer, Biofleisch könne man ruhig essen oder Bio-Eier, aber das tun sie nicht, davon mal ganz abgesehen. Wenn sie das wenigstens täten...

I: Hat der Veganismus Einfluss auf Deine gesundheitliche Verfassung?

Smilla: Ja. Ich hatte zum Beispiel vor ein paar Jahren am Schienbein so eine Stelle, die war immer so rauh und juckte und war manchmal blutig. Ich bin zum Arzt gegangen, der guckte sich das an und fragte gleich: "Haben Sie Heuschnupfen?" und ich sagte: "Ja." Und da sagte er, das wäre ein chronisches Ekzem und das hinge mit Allergien, Heuschnupfen und Asthma zusammen und ich könne damit rechnen, auch irgendwann noch Asthma zu bekommen. Da könnte man nichts dagegen tun, außer Cortison zu nehmen. Darauf habe ich verzichtet und bin damit drei Jahre lang herumgelaufen. Und jetzt ist es weg. Es ist einfach weg, man sieht es überhaupt nicht mehr. Das ist für mich ein gutes Zeichen.

I: Wie könnte man den Veganismus gesellschaftsfähiger machen?

Smilla: Man könnte in den Medien sicher noch viel machen, ich weiß nur nicht, ob es gelesen oder angeschaut würde. Was auf jeden Fall geändert werden müsste, ist, dass Veganer immer so negativ dargestellt werden, oder so, dass immer die super extremsten Veganer interviewt werden. Zum Beispiel aktive Tierschützer, die Labore überfallen oder in Brand setzen. Das sind in den Augen der meisten Menschen Kriminelle und so wollen die ja nicht sein. Das ist ja kein Vorbild. Und man wird gleich in dieselbe Schublade gesteckt. Ich meine, ich kann die Gründe dieser Leute verstehen, ich denke nur nicht, dass das der richtige Weg ist, weil man dadurch die Öffentlichkeit gegen sich aufbringt. Aber immer, wenn man mal was über Veganer liest, dann ist es so was. Oder alleine schon diese provokativen Fragen, so blöde Fragen wie in diesem "Spiegel Special", da ist ein Interview mit einem Veganer und der wird gleich am Anfang gefragt: "Was haben Sie heute gefrühstückt?" Ich weiß nicht, was er gefrühstückt hatte, ich glaube Frischkornbrei oder so, und das findet auch nicht jeder so verlockend. Aber er hat einfach wahrheitsgemäß geantwortet. Er mag den eben, und dann sagte die Reporterin gleich: "Was? Igittigitt!" oder "Das ist ja öööh ..." und was weiß ich nicht. Es gibt noch 100 andere vegane Sachen, die man frühstücken kann. Und da ist für jeden irgendwas dabei. Immer nur diese einseitigen Darstellungen ...

Also das Fleischessen ist für mich eigentlich der totale Egoismus. Dass den Leuten Fleisch oder Eier schmecken und sie das oft essen wollen, und das dann möglichst günstig, weil sie es ja so oft essen. Ich hatte zum Beispiel Nachbarn, die mir immer ganz stolz erzählt haben, wie billig doch da wieder ein Stück Rindfleisch zu haben war. Die wussten, dass ich Vegetarierin bin und ich habe mich manchmal gefragt, was das soll, warum die mir das ständig auf die Nase binden. Ich meine, da muss man sich nicht wundern, wenn man für so wenig Geld so viel Fleisch haben kann. Das kann ja gar nicht gut sein.

I: Kommst Du als Veganerin mit Deinem Umfeld gut zurecht, oder sollte sich da etwas ändern?

Smilla: Mir geht es eigentlich gut genug. Ich meine, ich würde mich freuen und es ginge mir besser, wenn ein paar Leute mir vielleicht folgen würden. Ich habe neulich so eine kleine Miniparty mit 10 Leuten gehabt und da gab es natürlich nur veganes Essen. Ich freue mich dann immer, wenn sie feststellen, dass es schmeckt, also, dass es echt lecker ist und sie nichts vermissen. Dann denke ich manchmal, ob das vielleicht so ein Denkanstoß ist, wenn sie sagen: "Das ist ja gar nicht so schrecklich." Die denken wohl, dass ich die ganze Zeit nur Salat esse. *(Smilla lacht)*

I: Bekommst Du oft positives Feedback?

Smilla: Ja, ab und zu schon. Die sagen dann: "Finde ich toll, aber ich könnte es nicht." Und dann frage ich: "Warum nicht?" "Ach, weiß ich nicht. Das wäre mir alles zu schwer, also ohne Fleisch könnte ich mir noch vorstellen." Auch, wenn sie sagen: "Ich könnte es mir ja noch vorstellen." Also, dass mal einer gesagt hat: "Das ist toll, das mache ich auch!", das habe ich noch nie erlebt.

Als ich aufhörte, Fleisch zu essen, da hat zuerst mein damaliger Freund eine Woche nach mir aufgehört und seitdem auch keins mehr angerührt. Das fand' ich dann auch schön. Und danach zwei Freundinnen. Aber die eine, die isst noch Hühnchen und Fisch und die andere aß noch Fisch. Jetzt fängt sie sogar wieder an, Fleisch zu essen. Das hat sie mir letzte Woche erzählt, das habe ich überhaupt nicht verstanden. Das kann ich überhaupt nicht vertragen. Ich fragte dann: "Was waren denn Deine Gründe, kein Fleisch mehr zu essen?", und dann sagte sie: "Ja, wegen der Tierhaltung." Ich sagte: "Da hat sich aber doch nichts dran geändert. Warum isst Du jetzt wieder Fleisch?" Ich meine, da kann natürlich auch keiner was zu sagen. Sie zuckte nur mit den Schultern.

I: Smilla, ich bedanke mich für das Gespräch.

Neun Jahre Jahre später schreibt Smilla (inzwischen 40 Jahre) folgendes:

Seit dem Interview ist viel Wasser den Rhein herunter geflossen. Konvertiert habe ich leider immer noch niemanden, aber ich arbeite fleißig an einer Arbeitskollegin.

Die wichtigste Nachricht ist sicher, dass ich 2000 nach England gezogen bin, ins "gelobte Land". Ich bin Mitglied der "Vegan Society", "PeTA" und "Viva!" und verschlinge jegliche Literatur, die ich von denen bekomme. So weiß ich immer, was es an neuen Produkten auf dem Markt gibt. Neulich habe ich zum Beispiel gelesen, dass es ein neues veganes Haarfärbemittel gibt in dem einzigen Friseurladen hier. Da muss ich unbedingt hin, sobald mir wieder einfällt, wo ich das gelesen habe!

Toll ist auch, dass es neuerdings eine vegetarische Frauenzeitschrift gibt, die "Lifescape" heißt. Es hat mich nämlich schon immer gestört, dass man anscheinend in Sack und Asche gehen soll, nur weil man vegane, ethisch vertretbare Klamotten haben will – von Kosmetik mal ganz zu schweigen.

Ich arbeite inzwischen in einer Bank und kann nicht in Hippie-Klamotten zur Arbeit gehen. "Lifescape" hat Modeseiten mit schicken Klamotten zu erschwinglichen Preisen und die Kosmetik in der Zeitschrift ist immer tierversuchsfrei, aber nicht immer vegan. Vegane Kosmetik ist allerdings gekennzeichnet.

Ich weiß noch, wie sehr ich es in Deutschland vermisst habe, unterwegs einen Cappuccino trinken zu können. Hier macht jeder Coffee Shop Cappuccino und alle anderen Kaffee-Variationen mit Sojamilch, aber ich habe mir sagen lassen, dass das in Deutschland inzwischen auch so ist. Ich bin halt nicht mehr auf dem neuesten Stand. Was mich daran aber total ärgert, ist, dass man für Sojamilch 35 Pence, also etwa 50 Cent extra bezahlen muss. Ich finde, das ist eine Frechheit, denn Sojamilch ist kaum teurer als Kuhmilch, dafür aber gesünder. Und was, wenn ich allergisch wäre? Das bin ich ja sogar, auch wenn ich keinen anaphylaktischen Schock bekomme. Da werde ich ja doppelt bestraft!

Außenseiter bin ich immer noch. Obwohl es hier mehr Vegetarier und Veganer gibt als in Deutschland, trifft man die doch relativ selten. Ich kenne ein paar andere Vegetarier an meinem Arbeitsplatz mit etwa 1.200 Angestellten, aber keine anderen Veganer. Unsere Kantine bietet jeden Tag ein vegetarisches Hauptgericht an und außerdem Beilagen, Salat, Suppe, Sandwiches et cetera, aber vegan ist das in den seltensten Fällen. Ich beschwere mich seit Jahren, stoße aber auf taube Ohren. Das einzige vegane Dessert, das denen einfällt, ist Obstsalat. Den gibt es tagein, tagaus...

Die Sprüche von Fleischessern regen mich immer noch genauso auf wie damals. Meine Schwiegermutter ist eine Irin und isst nur alle Sorten Fleisch, Kartoffeln und sechs oder sieben Sorten Gemüse. Sie isst keinen Reis oder Nudeln, keine Kräuter und Gewürze – außer Salz und davon reichlich –, keine Bohnen oder Linsen und so weiter. Und die erzählt mir, dass ich mich einseitig ernähre! Dass mir in meiner Ernährung etwas fehle! Meine Schwägerin sah mich mal Sojamargarine essen und fragte, ob ich mir keine Sorgen wegen genetisch manipuliertem Soja mache. Ich sagte: "Nö", woraufhin sie sagte: "Na, also, mir ist lieber wenn ich weiß, was in meinem Essen ist." Ich habe nur gedacht: "Und Du denkst, Du wüsstest, was in Deinem Essen ist?", aber gesagt habe ich nichts.

Dieser seltsamen, anscheinend unbegründeten Aggression, die ich im Interview beschrieben habe, begegne ich immer noch relativ häufig, zum Beispiel bei Partys oder in Restaurants. Es entsteht eine heiße und oftmals auch aggressive Diskussion, obwohl ich gar nichts gesagt habe. Ich sitze nur da und esse mein veganes Essen. Das habe ich nie verstanden.

Vor zwei Jahren hat mir mein Mann zu Weihnachten ein amerikanisches Buch geschenkt mit dem Titel "Living among Meat-Eaters"[25] von Carol Adams. Das erklärt sehr klar, was da vor sich geht. Carol Adams geht davon aus, dass alle Fleischesser blockierte Vegetarier sind. Die wissen im Grunde unterbewusst ganz genau, dass das, was sie tun, falsch ist und haben ein schlechtes Gewissen. Durch unsere bloße Anwesenheit zerren wir das schlechte Gewissen aus dem Unterbewusstsein hervor und zwingen sie, darüber nachzudenken, was sie da eigentlich in sich hineinstopfen. Deshalb werden sie sauer, ohne dass wir auch nur einen Mucks sagen. Das ist natürlich sehr vereinfacht, aber ich fand das Buch sehr erhellend.

[25] Adams (2001): Living among Meat-Eaters

Ich glaube, Bioläden und Reformhäuser sind nicht mehr unbedingt die größte Sehenswürdigkeit für mich, aber sie rangieren immer noch ziemlich weit oben. In England haben Supermärkte ein viel, viel besseres Angebot an veganen Lebensmitteln als in Deutschland. Der Hummus-Aufstrich aus Kicherebsen ist hier zum Beispiel ein 0815-Artikel. Wenn ich in Deutschland Hummus essen wollte, musste ich es schon selbst machen. Die meisten Supermärkte haben auch ein oder zwei Sorten veganen Käse; im Bioladen gibt es aber mehr. Die Vegan Society gibt den "Animal Free Shopper" heraus, in dem man nachsehen kann, welche Artikel im Bereich Lebensmittel und Non-Food vegan sind. Auch die oben genannten veganen Magazine machen immer auf neue Produkte aufmerksam. Ich denke, ich bin hier in den letzten Jahren etwas verwöhnt worden und weiß gar nicht mehr, wie schwierig das Einkaufen in Deutschland ist oder war.

Die nächste große Neuigkeit seit meinem Umzug nach England ist, dass ich neuerdings beim "Institute for Optimum Nutrition (ION)" in London eine Ausbildung zur Ernährungsberaterin mache. Dafür gibt es mehrere Gründe. Wie ich schon in dem Interview gesagt hatte, sind mein eigener Heuschnupfen und das Ekzem auf Nimmerwiedersehen verschwunden. Heute weiß ich, dass das eine Reaktion auf Kuhmilch war und der Verzicht auf Kuhmilch den meisten anderen Allergikern und Asthmatikern helfen würde. Dadurch und durch die Tatsache, dass ich mich ständig überall verteidigen musste, habe ich viel über Ernährung gelesen und dabei festgestellt, wie faszinierend das Thema ist. Ein weiterer Grund ist, dass Tierrechte die breite Öffentlichkeit nach wie vor nicht interessieren, aber manche Leute sich von Umwelt- und Ernährungsthemen angesprochen fühlen. Für mich ist das Wichtigste nicht, warum Leute zu Vegetariern oder Veganern werden, sondern dass sie es werden. Wenn ich durch die Ernährungsberatung dazu beitragen kann, dass weniger Tiere gequält und geschlachtet werden, dann finde ich das eine gute Sache. Ich wollte mir gerne das wissenschaftliche Verständnis und damit sozusagen die Autorität aneignen, Leute aufzuklären.

Das ION postuliert nicht direkt vegane Ernährung, aber es ist nahe dran. Das einzige nicht-vegane Nahrungsmittel, das das Institut empfiehlt, ist Fisch bzw. Fischöl. Fleisch nur in Maßen und Kuhmilch überhaupt nicht. Milch ist noch ungesünder als Fleisch. Aber sogar bei Fisch den sie vom ernährungswissenschaftlichen Standpunkt empfehlen, und beim Fleisch sowieso, wird auf die Umweltgifte hingewiesen, die im Fisch enthalten sind. Die vegane Ernährung ist laut ION unbedenklich, solange B12 zugegeben wird. Positiv ist zudem, dass das ION eines der am stärksten respektierten Institute auf dem Gebiet der Ernährung ist.

Eine in England relativ bekannte Veganerin und Kochbuch-Koautorin Yvonne Bishop, wurde beim ION als Ernährungsberaterin ausgebildet und ist jetzt Spezialistin für vegetarische und vegane Ernährung in der "Food Doctor Clinic" in West London. Sie hat 2004 das Buch "Vegan"[26] herausgebracht. Es geht also.

Meine Ausbildung steckt noch in den Kinderschuhen. Ich bin erst im ersten Monat, aber es macht jetzt schon – bzw. noch – sehr viel Spaß. Das Witzigste ist aber, dass ich nach nur einem lächerlichen Monat auf einmal an Glaubwürdigkeit gewonnen zu haben scheine! Meine Kollegen stellen mir Fragen und glauben mir, wenn ich antworte. Das lässt hoffen, dass ich vielleicht doch etwas bewegen kann, wenn ich endlich Ernährungsberaterin werde.

---

[26] Bishop (2006):Vegan

11. Niemanden ausbeuten
(Ute, 19, Studentin)

I: Hallo Ute. Wie wurdest Du vegan?

Ute: Als Vegetarierin war ich mal auf einer Aktion von den Tierversuchsgegnern München gegen Schlachttiertransporte. Während der Aktion meinte dann irgendwer, dass diese Kälber nur transportiert würden wegen der Milch. Ich habe dann nachgefragt und sie haben mir den Zusammenhang zwischen Milch und Fleisch erklärt. Und nach der Diskussion sind wir auf den Zusammenhang zwischen Eiern und Fleisch gekommen. Und damit war eigentlich klar, dass ich das nicht mehr essen wollte.

I: Wann war das ungefähr?

Ute: Das war Anfang 1995.

I: Bist Du direkt danach vegan geworden?

Ute: Ja, denn Vegetarierin war ich ja schon.

I: Wie lange warst Du zuvor Vegetarierin?

Ute: So etwa 18 Monate.

I: Das heißt, seitdem Du 17 Jahre alt bist?

Ute: Ja genau, Veganerin wurde ich mit 17 Jahren.

I: Was bedeutet der Veganismus für Dich?

Ute: Es ist eine Lebenseinstellung und nicht nur eine Art sich zu ernähren. Eine Lebenseinstellung dazu, wie man mit Anderen umgeht. Nicht nur mit Tieren, sondern auch mit seinen Mitmenschen. Und natürlich auch was man isst, was man anzieht: Einfach zu leben, ohne Andere auszubeuten.

I: Wie haben denn Deine Eltern darauf reagiert, dass Du vegan wurdest?

Ute: Am Anfang waren sie dagegen. Dann gab es eine Zeit, in der sie etwas gekocht haben, und behaupteten, das sei vegan, obwohl es das nicht war. Aber meine Schwester fand das ganz toll und ist mit 12 Jahren auch vegan geworden. Und auch meine Freunde, diejenigen von früher, wurden auch fast alle Vegetarier. Das war ganz praktisch, weil die teilweise auch vegan geworden sind. Meine Eltern waren dagegen. Auch meine Oma hat gar nichts mehr verstanden, denn die hatte schon

Probleme damit, Fleisch wegzulassen. Meine Eltern haben sich mittlerweile damit abgefunden.

I: Haben sie auch so reagiert, als Du zuvor Vegetarierin wurdest?

Ute: Sie fanden es am Anfang nicht so gut, dass ich Vegetarierin wurde. Aber schlimm wurde es erst, als ich vegan wurde, wobei sich das inzwischen wieder gelegt hat.

I: Das heißt, sie haben es jetzt akzeptiert?

Ute: Ja, doch. Wenn wir zusammen essen gehen, schauen wir schon, dass wir irgendwo hingehen, wo meine Schwester und ich auch was zu Essen finden. Das ist eigentlich kein Problem. Und wenn Kuchen gebacken werden, sind die in der Regel auch vegan, damit wir sie mitessen können.

I: Leben Deine Eltern vegetarisch?

Ute: Nein. Meine Mutter sagt immer, sie schafft es nicht. Wenn sie einen Film sieht über Tiere, dann findet sie das ganz schlimm und ist wieder zwei Tage lang Vegetarierin, doch dann gibt sich das wieder. Mein Vater finanziert mir mein veganes Leben, was ich sehr nett finde. Er finanziert mir sehr viel, damit ich auch Tierrechtsarbeit machen kann, wie zum Beispiel das Auto und so was. Aber er sagt, es sei ihm nicht so wichtig. Außerdem war er selbst mal Jäger.

I: Hat Dich das als Kind beeinflusst?

Ute: Ich habe Tiere schon immer gemocht und als ich ganz klein war, hat mein Vater mal einen toten Hasen heimgebracht. Da habe ich geschrieen wie am Spieß und ihm verboten, so etwas noch mal mitzubringen. Dann sind wir weggezogen und als er keine Jägerfreunde mehr hatte, hat sich das gelegt.

I: Wie ist das in der Schule als Vegetarierin gewesen beziehungsweise jetzt als Veganerin im Studium? Gab oder gibt es dort Probleme?

Ute: Nein. Als ich Vegetarierin wurde, war ich noch ziemlich schüchtern. Da habe ich nicht viel drüber geredet. Als ich dann vegan wurde, in der Zeit, in der ich in die Tierrechtsszene gekommen bin, da war es mir eigentlich egal, was die Anderen über mich denken, weil ich mit Veganern zusammen war. Dadurch habe ich es wahrscheinlich selbstbewusst rübergebracht und wurde akzeptiert. Es wurde zwar sehr viel darüber diskutiert und ich habe Referate gehalten, aber ich bin nie irgendwie verarscht worden oder so.

I: Du wurdest also nicht ausgegrenzt?

Ute: Nein. Ich meine, wir haben uns teilweise schon gestritten, aber es lief dabei nie auf einer Ebene ab wie "Du bist Scheiße!" oder so. Es ging wirklich um die Sache. Klar, ein paar Leute waren blöd, aber das waren sie generell. Mit dem Großteil komme ich ganz gut aus. Es war sogar so, dass sie für mich mitgeschrieben haben, wenn ich bei Aktionen war und nicht in die Schule gehen konnte.

I: Die Tierrechtsarbeit war Dir sehr wichtig?

Ute: Ja.

I: Glaubst Du, Du hättest es auch ohne andere Veganer geschafft?

Ute: Ich weiß es nicht. Einerseits denke ich ja, weil es mir wirklich wahnsinnig wichtig ist, andererseits ist es schon schwer, wenn man ganz allein ist, also kann ich es nicht sagen. Ich weiß es nicht.

I: Was ist der wichtigste Grund, weshalb Du Veganerin bleibst?

Ute: Es gibt zwei Gründe: Einmal für mich selbst, weil ich weiß, dass ich niemandem schade damit. Zum anderen deshalb, weil ich hoffe, dass es eine Art Vorleben ist im Sinne von "Zeigen, wie man es machen soll" und dass Andere das sehen und sich auch ändern, und man auf Dauer dann doch was erreichen kann. Dass vielleicht in 100, 200 Jahren vielleicht keine Tiere mehr gegessen werden.

I: Der Veganismus bezieht sich bei Dir nicht nur auf die Ernährung, oder?

Ute: Nein.

I: Hast Du Probleme dabei vegane Sachen zu finden?

Ute: Ja, bei der Kleidung. Vor allem Schuhe sind ein Problem, also Ledersachen und solche Dinge. Natürlich kann man vegane Schuhe bestellen, die sind dann auch sehr schön, aber wahnsinnig teuer. Also das ist ein Problem. Ansonsten gibt es ja überall Baumwollsachen.

I: Was meinst Du, könnte die Pädagogik ändern, damit der Alltag für Veganer einfacher wäre?

Ute: Ich denke mal, die Pädagogik ist ja eine Erziehungswissenschaft, von daher müsste man den Leuten, wenn sie sehr jung sind, nahe legen, dass es wichtig ist und warum man das macht. Denn wenn die Leute später damit konfrontiert werden, dass es Veganer gibt, dann hören sie immer nur das Schlechte. Deshalb sollte man das "warum vegan" sinnvoll in den Unterricht einbauen und die Zusammenhänge erklären. Das halte ich für wichtig. Dann würde für die Tiere auch mehr rauskommen.

Die Süddeutsche Zeitung zum Beispiel, steht ja eigentlich für eine ganz gute Berichterstattung, aber wenn da was über Veganer erscheint, dann liest man nur, dass sie wieder einen Anschlag gemacht haben oder so etwas. Man hört nur das Negative. Aber die genauen Zusammenhänge, warum wir das machen, die kennt keiner. Die Meisten denken einfach, dass Veganer Radikale sind, die gar nichts essen. Aber warum wir keine Milch trinken, warum wir keine Eier essen und warum wir keine Wolle tragen, das wissen die Leute nicht. Und dann halten sie uns für fanatisch. Ich denke, wenn man ihnen die Zusammenhänge erklären würde, wäre es einfacher.

I: Begegnen Dir diese Vorurteile oft in Deinem sozialen Umfeld, wenn Du erwähnst, dass Du Veganerin bist?

Ute: Ja, doch.

I: Wirst Du dann auf den Veganismus reduziert?

Ute: Manche sagen halt: "Ihr seid doch die Spinnerten, die da gar nichts essen." Das kommt schon ab und zu vor.

I: Wie reagierst Du auf solche Äußerungen?

Ute: Ich frage erstmal, was sie denn gehört haben und wie sie darauf kommen. Dann bringe ich Gegenargumente und sage, dass nicht wir diejenigen sind, von denen die Gewalt ausgeht. Ich erkläre die Zusammenhänge und warum wir das machen. Ich frage sie auch, warum sie es denn gut finden, wenn man kein Fleisch isst, aber Milch zu fanatisch finden, obwohl genauso viele Tiere dafür sterben.

I: Wäre es Deiner Ansicht nach sinnvoll, mehr zum Veganismus zu publizieren?

Ute: Auf jeden Fall. Es sollte schon gut dargestellt werden. Wir haben zum Beispiel mal was mit dem ZDF gemacht, mit dem Magazin "Mona Lisa". Die Redakteurin war sehr nett und hat uns wirklich das darstellen lassen, was wir wollten. Das war ein super Bericht. Wir

	konnten rüberbringen, was wir wollten und warum wir das machen. Das war echt gut.
I:	Wie seid ihr dazu gekommen?
Ute:	Sie hat sich bei mir gemeldet, weil sie etwas über Veganer machen wollte. Eine Kollegin aus ihrer Redaktion kannte wiederum eine Freundin von mir und wollte das über die Freundin von mir machen. Aber das ging bei ihr ganz schlecht und da war die Redakteurin verzweifelt und hat gefragt, ob ich das machen würde.
I:	Ute, ich danke Dir für das Gespräch.

Neun Jahre später schreibt Ute (inzwischen 28 Jahre) folgendes:

Ich lebe inzwischen seit 11 Jahren vegan. Im Vergleich zu der Zeit, als ich vegan wurde, empfinde ich es mittlerweile als schwieriger. Die Schwierigkeit liegt weniger an der Auswahl veganer Produkte, da ist es sogar einfacher geworden. Es hat eher etwas damit zu tun, dass ich mich in einem Umfeld befinde, das nicht vegan lebt, häufig nicht einmal vegetarisch.

Ich stehe immer wieder vor dem Problem, dass ich akzeptieren muss, dass Menschen, die ich schätze, finanziell etwas unterstützen, was ich als zutiefst grausam und moralisch nicht vertretbar empfinde und das auch sie selbst häufig als grausam und ebenfalls als nicht vertretbar empfinden. Ich selbst möchte es nicht permanent thematisieren, finde es aber auch sehr belastend, darüber hinweg zu sehen – insbesondere, da einem die Ausbeutung von Tieren im Alltag ständig begegnet. Beim gemeinsamen Essen im Restaurant, beim gemeinsamen Einkaufen und so weiter.

Ich habe in meinem Leben so viel darüber diskutiert, mich mit so vielen Menschen auseinandergesetzt, habe so oft erlebt, dass viele Menschen durchaus die Willkür, mit der unsere Gesellschaft Rechte vergibt und abspricht, einsehen, aber dass dies meist kein konsequentes Handeln nach sich zieht. Mittlerweile bemerke ich, dass ich das ganze Thema immer häufiger umgehe oder zumindest bestimmte Kompromisse eingehe. Das beginnt damit, dass ich zwar nicht damit leben könnte, wenn mein Freund Fleisch essen würde, aber sehr froh darüber bin, dass er vegetarisch lebt auch wenn ihm und mir bewusst ist, dass er darüber

Tiertransporte und Schlachthöfe mitfinanziert. Und es endet damit, dass ich Menschen zu meinen Freunden zähle, die niemals auf Wildlederschuhe oder Salami-Pizza verzichten würden.

Was sich seit meiner Schulzeit nicht verändert hat, ist die Tatsache, dass anscheinend schon der Verzicht auf Fleisch für viele Menschen eine Provokation darstellt. Man selbst möchte es gar nicht thematisieren, wird aber immer wieder in Diskussionen verwickelt. Und es sind immer genau diejenigen Menschen, die dem Ganzen am aggressivsten und hartnäckigsten begegnen, die vom eigenen Anspruch und Wissen her theoretisch auf Fleisch verzichten müssten.

Was ich bereits in dem Interview vermutet hatte, kann ich nun aufgrund eigener Erfahrungen bestätigen: Wenn man nicht in eine entsprechende Gruppe eingebunden ist, ist es nicht leicht, vegan zu leben. Aufgeben würde ich es trotzdem niemals!

12. Mitgeschöpfe isst man nicht
(Vera, 62, Hausfrau)

I: Hallo Vera. Schön Dich zu treffen. Wie bist Du vegan geworden?

Vera: Das fing vor etwa 10 Jahren an. Ich kann gar nicht sagen, wie das genau gekommen ist. Wahrscheinlich sind mehrere Faktoren zusammen gekommen, dass man mehr gesehen und gehört hat. Dann kam eine entscheidende Kleinigkeit: Ich hatte Schmerzen im Fuß und der Arzt hat eine Blutuntersuchung gemacht. Er sagte dann, die sei nicht in Ordnung und hat mir ein Medikament verschrieben. In dem Beipackzettel stand, man solle wenig tierische Dinge zu sich nehmen. Das ist eigentlich das, was mir geholfen hat – der Familie gegenüber. Das habe ich gesagt, denn ich wollte schon immer wenig oder gar kein Fleisch essen und hatte damals einen schwierigen Stand zu Hause. Daher war es wichtig, dass ich gesagt habe: "Ich esse das nicht mehr. Ich darf das nicht mehr essen." Und es war gar nicht so wichtig, dass ich diese Schmerzen hatte und die Blutsenkung nicht so gut war.

I: Du meinst, es ging Dir eher um die Tiere?

Vera: Ja, genau! Alles geschah zum gleichen Zeitpunkt wie bei meiner Tochter, die jetzt 26 Jahre ist und auch viel gelesen und gesehen hat. Wir haben gleichzeitig angefangen, kein Fleisch mehr zu essen. Erstmal haben wir noch ein bisschen Fisch gegessen. Weihnachten habe ich zum Beispiel ein bisschen Scholle gekauft, aber auch nicht mehr mit einem guten Gewissen. Das war auch das Letzte, woran ich mich erinnern kann, diese Scholle – auch deshalb, weil ich Besuch hatte und man noch gar nicht so richtig wusste, was man jetzt vorsetzt. Wie gesagt, das war auch das Letzte. Dann habe ich mir natürlich viele Bücher besorgt und viel im Reformhaus eingekauft. Jetzt kaufe ich im Reformhaus auch nicht mehr alles, weil die ja nicht darauf achten, ob Dinge gänzlich ohne tierische Bestandteile sind. Mich ärgern zum Beispiel die ganzen Kapseln und ich frage dann immer: "Gibt es das denn nicht wenigstens als Dragees?"

I: Kanntest Du damals andere Vegetarier oder Veganer?

Vera: Nein.

I: Und wann wurdest Du vegan?

Vera: Vegan wurde ich vor 10 Jahren und ganz konsequent vor etwa fünf Jahren. Wir haben vorher noch ein paar Eier oder Milch zum Backen gebraucht, bis wir gemerkt haben, dass mit der Verwendung von Milch auch wieder die ganze Fleischwirtschaft gefördert wird. Oder Hühner, die gehalten werden. Wenn viele Leute Eier kaufen, müssen natürlich viele Hühner gehalten werden.

I: Sind das alles Informationen gewesen, die Du gelesen hast?

Vera: Nein, wir sind da eigentlich selbst darauf gekommen und haben uns dann mehr informiert. Wenn das so ist, dann sucht man ja. Man sucht zum Beispiel nach einem Bericht im Fernsehen, man guckt vorher schon in die Programmzeitung, ob da was kommt. Und Du versuchst das dann auch den Leuten, die dabei sitzen, zu zeigen oder rufst "Kommst Du mal? Da ist was!" oder so.

I: Was bedeutet der Veganismus für Dich?

Vera: Für mich ist das kein Verzicht. Viele Leute sagen ja: "Ich könnte nicht darauf verzichten, das könnte ich nicht." Aber das ist kein Verzicht. Es kommt zwangsläufig so, wenn Du Dich damit befasst, wie Menschen mit Tieren umgehen, die zu Nahrungszwecken gebraucht werden. Überhaupt das Wort "gebraucht"! Was ist das überhaupt, ein Tier gebrauchen? Tiere sind unsere Mitgeschöpfe und Mitgeschöpfe isst man nicht. Und dann muss man zwangsläufig Veganer sein.

I: Wie hat denn Deine Umwelt reagiert, als Du Vegetarierin und später Veganerin wurdest?

Vera: Anfangs habe ich mehr Schwierigkeiten gehabt. Zum Beispiel war mein Sohn Klaus damals etwa sieben Jahre alt und im ersten Schuljahr. Er ist schon mal mit anderen Jungs nach Hause gegangen. Und eine Mutter hat mir zum Beispiel ein Zettelchen geschrieben, da stand drauf: "Klaus braucht dringend Fleisch, denn nur in Fleisch ist Vitamin B12 und das ist lebensnotwendig." Da hat die Frau sich so aufgeregt, dass sie dem Klaus einen kleinen weißen Zettel mitgegeben hat. Mit dieser Frau bin ich auch nie klargekommen, der konnte ich das nie erklären. Ich denke mal, dass ich als erwachsene Frau besser mit meiner Umwelt zurechtgekommen bin, außer – sagen wir mal – mit meinem Ehemann, der total verbohrt ist. Ich bin besser zurechtgekommen als die Kinder. Die Älteren oder Erwachsenen meinen immer, Kinder brauchen das. "Wenn Du darauf verzichten willst O.K., aber dem Kind musst Du das geben." Und auch die Lehrer oder Trainer haben mich auf das Kind angesprochen.

I: Wurdest Du als verantwortungslose Mutter dargestellt?

Vera: Ja, so ungefähr. Auch mein Ex-Mann sagte manchmal, wenn der Junge zum Beispiel bei einem Spiel keine drei Tore geschossen hat oder vier oder fünf – er ist Leistungssportler – dann sagte der schon mal: "Ich glaube, dem fehlt doch irgend etwas, irgendwas fehlt dem doch." Dann will er den Jungen unter Druck setzen. Das sagt er dann, wenn der Junge dabei ist, weil er nicht überzeugt ist. Er ist ja weder Vegetarier noch Veganer. Und er ist wie gesagt verbohrt. Es geht ihm nicht in den Kopf, dass der Junge bekommt, was er braucht. Anfangs, so vor zwei bis drei Jahren, habe ich meinen Sohn öfters untersuchen lassen, also Blutabnahmen machen lassen. Und die Kinderärztin wusste das auch und hat immer gesagt: "Du hast wunderbare Blutwerte." Jedes Mal hat sie zu ihm gesagt: "Wunderbare Blutwerte!" Die Ärztin sagt, sie würde selbst auch ganz wenig Fleisch essen und versuchen, auf Fleisch zu verzichten. Und ich habe immer das Gefühl gehabt, dass sie froh war, dass der Junge so gute Blutwerte hatte, also praktisch als Bestätigung für sich selbst. *(Vera lacht)*

Einmal, da ging es dem Jungen schlecht und er ist drei Tage im Krankenhaus gewesen. Da ist dann alles untersucht worden. Und die junge Ärztin im Krankenhaus war die Tochter von der Kinderärztin, zu der ich immer gegangen bin. Die hatte natürlich aufgeschrieben, dass sich der Junge vegetarisch ernährt – er nennt sich vegetarisch und nicht vegan – aber die haben nicht rausbekommen, was er hatte. Es gab damals auch solche Viren hier in Deutschland. Also er ist untersucht worden und die haben nichts Negatives feststellen können und dann auch gesagt, das müsse ein Virus sein.

I: Hast Du als Veganerin oft Probleme mit Deinem Umfeld?

Vera: Wie gesagt, ich selbst habe gar nicht so viele Probleme, weil man als Erwachsener auch anders auftritt und ich nicht unsicher bin. Wenn die Leute mich etwas fragen, dann kann ich auch eine Antwort darauf geben. *(Vera lacht)*

Probleme gibt es nur, wenn wir unterwegs sind, in Hotels zum Beispiel. Oft passiert es mir auch, dass die Leute am Tisch sich entschuldigen und sagen: "Ja tut mir leid, aber ich esse jetzt das und das." Dass die Leute sich da entschuldigen, dass sie sich Fleisch bestellen. Manchen Leuten ist das unangenehm. Das habe ich auch erfahren. Die fragen dann: "Isst Du jetzt nichts?" und ich sage: "Nee, ich esse nichts." In manchen Restaurants sind die auch so unflexibel. Wenn zum Beispiel auf der Karte steht "Spaghetti Bolognese", dann frage ich: "Kann ich die Spaghetti auch nur mit einer Tomatensoße haben, ohne Sahne?", und sie sagen: "Nee, das geht nicht." Das verstehe ich zum Beispiel nicht. In der Schweiz stehen in den Restaurants auf jeder Karte mindestens drei vegetarische Gerichte. Das vermisse ich hier. Hier muss ich erst draußen gucken "Gehe ich da rein oder nicht". Dort brauche ich nicht zu gucken. Mein Sohn ist jetzt 15 Jahre alt und vor ungefähr vier oder fünf Jahren zur ersten Heiligen Kommunion gegangen. Das wollten wir dann mit mehreren Leuten feiern und ich habe beim Nahrungs- und Genussmittelverband angerufen und gefragt, ob es hier nicht ein Restaurant gibt, das ein komplett vegetarisches Menü zusammenstellt. Da haben sie mir eines genannt, zu dem ich dann hingegangen bin und einen Termin mit dem Inhaber vereinbart habe. Der sagte mir, dass seine Frau auch Vegetarierin sei, er aber nicht, weil er das Essen probieren würde. Bei sich in der Wohnung würde aber kein Fleisch gegessen. Der hatte einen 5-jährigen Sohn und eine Tochter – also Zwillinge – die hätten noch nie ein Stück Fleisch im Mund gehabt. Er hat mit mir ein Menü zusammengestellt für 20 Personen, woraufhin mein Ex-Mann meinte: "Das kannst Du nicht machen! Du kannst die Leute doch nicht einladen; dann musst Du denen Fleisch zu essen geben. Du musst Dich auf die einstellen." Ich sagte: "Nee, das stimmt nicht. Das ist umgekehrt: Ich bin der Gastgeber, die müssen nehmen, was ich ihnen anbiete. Das müssen die nehmen, nicht umgekehrt." Ich kann doch nicht meine Lebenseinstellung verleugnen. Das kann ich doch nicht machen! Das ist doch wie mit den Juden. Ich kann doch nicht sagen: "Ich vergase die nicht, aber Ihr könnt das ja machen."

Der Restaurantbesitzer hat uns dann ein ganz tolles Menü mit mehreren Gängen zusammengestellt. Ich habe dann gesagt: "Es gibt aber kein Fleisch, das wisst ihr ja, oder?", das wussten aber nicht alle. Aber hinterher waren sie sehr zufrieden und haben sich alle sehr gewundert, dass man so essen kann. Dass man ein Menü mit mehreren Gängen vegetarisch machen kann. Der Spargel war zum Beispiel mit einer Sauce Hollandaise und zum Nachtisch gab es Eis. Das war zwar auch mit Milch gemacht, aber trotzdem, für die Leute war es eine positive Erfahrung.

I: Wirst Du oft danach gefragt, warum Du Veganerin bist?

Vera: Ja. Die Leute fragen dann "Milch auch nicht? Aber Eier isst Du doch?" Viele Leute meinen auch, man würde Hähnchen essen. Das meinen viele Leute. Und dann frage ich die: "Ist das denn kein Tier?" Was mich auch so ärgert ist dieses "Aber Fisch kannst Du doch essen?" Gerade die Fische, wie qualvoll die sterben. Die Fische werden ja nicht getötet, wie zum Beispiel eine Kuh, die wird wenigstens noch getötet.

I: Wirst Du von Bekannten seltener eingeladen seitdem Du Veganerin bist?

Vera: Nein. Ich habe eine Bekannte, die Holländerin ist. Die Frau kenne ich vom Trödelmarkt, da stand die mal neben mir mit einem Stand und ich habe mich mit ihr angefreundet. Sie ist etwa 42 Jahre alt. Und ich fahre auch schon mal zu der nach Holland oder sie kommt zu mir. Die rief mich zum Beispiel an und sagte: "Du musst mir ein paar Rezepte aufschreiben wenn Du kommst, damit ich nicht nur Gemüse kaufe; damit ich weiß, was ich noch einkaufen kann." Sie hat das von vornherein akzeptiert. Von Beginn an hat sie gesagt: "Schreib mir was auf, damit ich was machen kann wenn Du kommst."

I: Das erlebst Du hier nicht?

Vera: Nein, die Leute sagen höchstens: "Für Dich ist aber leider nichts dabei."

Ansonsten würde ich sagen, dass man vegane Kochbücher braucht. Bei anderen Kochbüchern versuche ich, die Rezepte abzuändern, also Milch durch Sojamilch zu ersetzen, Ei durch Eiersatz. Das ist ja die Hauptsache beim Kochen. Schwierig ist auch, dass man nicht in jedem

Kaufhaus alles bekommt. Und man muss schon akzeptieren, dass man auch in Läden einkauft, die sich mit anderen Dingen befassen, die also auch Fleisch verkaufen.

I: Wie ist das mit Deinen Kindern, hatten die Probleme mit dem Umfeld?

Vera: Ja. So vor etwa drei Jahren war mein Sohn auf dem Gymnasium. Dieses Gymnasium hat eine Burg, auf die die Kinder einmal im Jahr für mehrere Wochen hinfahren. Da habe ich zum Lehrer gesagt: "Der Junge ernährt sich vegetarisch. Kann man da irgendwas machen?" und der Lehrer sagte: "Ja, da hat er Pech gehabt. Da muss er mal gucken, was er isst." Dann ist der Junge mitgefahren und hat nur Beilagen gegessen. Man hat sich nicht darum gekümmert. Das finde ich unmöglich. Ich finde es auch unmöglich, dass er in Biologie eine schlechte Zensur bekommen hat, weil er die Hausaufgaben nicht hatte, die Nutztiere betrafen, oder ähnliche Dinge. Dann bin ich zum Lehrer gegangen und habe ihm das erstmal erklärt. Er wusste, dass sich der Junge vegetarisch ernährt, aber er hat es nicht angenommen. Ich bin also zum Lehrer gegangen und habe ihm erklärt, weshalb mein Sohn nicht alle Hausaufgaben macht, also weshalb mein Sohn nicht alle Fragen beantwortet. Der Lehrer hat sich darauf gestützt, dass er das in seinen Lehrplan hat. Der ist auch nicht so flexibel, dass da mal gesagt wird: "Ja, man müsste auch mal darauf eingehen."

I: Wie hat der Lehrer auf Dich reagiert?

Vera: Er hat mir gegenüber verständnisvoll getan, aber es hat sich nichts geändert. Er hat höchstens eine vier in Biologie bekommen und keine fünf mehr.

I: Gab es noch weitere Diskussionen mit dem Lehrer?

Vera: Nein. Mein Sohn hat diese Schule auch bald verlassen. Das soll ein Gymnasium sein und die Leute wollen studiert haben, aber Denken, Denken scheint damit nichts zu tun haben. *(Vera lacht)*

Mein Sohn hat die Schule auch gewechselt, weil er mit seinem Sport dort nicht klarkam. Er macht ja Leistungssport und dort ging die Schule vor. Die haben es überhaupt nicht akzeptiert, dass er so viel Leistungssport macht. Dann sind wir zu einer anderen Schule gegangen, zu einer Realschule, und ich habe dort ein Gespräch mit dem Direktor geführt. Der hat zwar auch gesagt: "Die Schule darfst Du nicht vergessen", war aber auch stolz darauf, dass mein Sohn in der Nationalmannschaft spielt.

I: Und wie ist das mit dem Trainer Deines Sohnes? Macht es ihm was aus, dass Dein Sohn vegetarisch lebt?

Vera: Nein. Einmal ist es mir passiert, da war mein Sohn in einem Trainingslager in Landshut. Da bin ich, wie ich das immer mache, vorher in die Küche oder zum Betreuer gegangen und habe gesagt: "Wir ernähren uns vegetarisch. Können Sie, wenn sie Essen machen, auch eine vegetarische Portion machen?" Dieser Koch hat dann auch gesagt: "Ja, da guck ich mal. Das mache ich schon." Aber der Trainer und der Mannschaftsarzt, die das mitbekommen haben, haben mich dann gerufen, da sie etwas mit mir besprechen wollten. Sie haben mich dann in so ein Besprechungszimmer kommen lassen und zu dritt – der Arzt, und der Trainer, und noch einer, ich weiß nicht wer das war – versucht, mich davon zu überzeugen, was ich für einen Fehler mache bezüglich der Entwicklung meines Kindes. Ich könne das Kind so keinen Leistungssport machen lassen und müsse das Kind Fleisch essen lassen. Wenn ich das für mich nicht machen würde, der Junge müsse unbedingt Fleisch essen ... was er alles brauchen würde, das könne man nicht ersetzen.

I: Ging es da um Ovo-Lakto-Vegetarismus oder Veganismus?

Vera: Es ging um Ovo-Lakto-Vegetarismus. Das war vor etwa 10 Jahren.

I: Und wie ist das heute?

Vera: Heute wundern sie sich alle. Manchmal höre ich Leute sagen: "Meine Güte, wenn man bedenkt, dass der kein Fleisch isst!" Aber wer so redet, der ist nicht mein Freund. Mit denen will ich auch gar nichts zu tun haben.

I: Hast Du sonst noch Schwierigkeiten als Veganerin?

Vera: Ich persönlich habe eigentlich keine Probleme. Das Problem sind eher die Mitmenschen und dass man nicht mehr machen kann. Das sehe ich als ein Problem an. Und wie die mit Tieren umgehen. Man sieht es ja jeden Tag in seiner Umwelt. Nicht nur, dass ein Tier gequält wurde, dass Menschen so selbstverständlich Haustiere, Nutztiere und so weiter haben. Ich höre auch oft "Aber Schuhe trägst Du doch wohl?

Das kannst Du doch. Die Tiere sind ja schon tot." Ja, aber warum sind die Tiere denn tot? Das Problem hat nichts mit mir persönlich, mit meiner Lebensart zu tun. Die ganze Welt, die ganzen Menschen... Viele Menschen sind es nicht wert, dass die Welt überhaupt noch existiert.

I: Glaubst Du, dass hier die Pädagogik etwas für Veganer tun könnte?

Vera: Ja, natürlich.

I: Inwiefern?

Vera: Als allererstes erstmal Toleranz. Wenn schon nichts Anderes geht, dann wenigstens Toleranz. Nicht sagen: "Da musst Du mal gucken, wie Du klar kommst, da kann ich Dir auch nicht helfen." Die Einstellung zu Ausländern hat sich zum Beispiel auch sehr geändert, finde ich, und jeder stellt sich hin und sagt "Ich habe ja nichts gegen Ausländer" und blockt direkt ab, wenn was gegen Ausländer gesagt wird. Also, so Leute, die denken nicht weiter. Ich meine keine primitiven Menschen, die immer was dagegen haben und meckern und für alles den Ausländern die Schuld geben. Die erst mal ganz ausgegrenzt. Man sollte sich wie zum Beispiel ein Moderator verhalten. Wenn da was gegen Ausländer gesagt wird, dann blockt der sofort ab und geht auf die Seite der Ausländer. Und ein bisschen müsste es auch für Vegetarier und Veganer so sein. Dass nicht nur Toleranz da ist, dass man nicht als Exot gilt. Dass man eben kein Außenseiter ist. Ich verstehe das Denken der Menschen, die noch Fleisch essen sowieso nicht.

I: Wie könntest Du Dir das konkret vorstellen, also was könnte die Pädagogik in dieser Hinsicht leisten?

Vera: Genau wie eben mit den Ausländern. Da wurde ja auch aufgeklärt, dass jeder irgendwie irgendwo Ausländer ist. Genau so müsste das mit Veganern oder Vegetariern sein, dass Pädagogen nicht nur vom gesundheitlichen Standpunkt aus sagen: "Es wäre natürlich besser, wenn wir uns alle vegetarisch ernährten, das ist gesünder", sondern auch vom ethischen Aspekt aus. Der Mensch ist kein Fleischfresser! Aber das kann man leider nicht so schnell erwarten.

I: Du meinst, man müsste den Kindern und Jugendlichen andere moralische und ethische Ansichten beibringen?

Vera: Ja. Aber es würde mich auch schon freuen, wenn alle Leute aus gesundheitlichen Gründen darauf verzichten würden. Deshalb sage ich auch immer zu unseren Kindern bzw. meinem Sohn, wenn die mal wieder über ihn sagen: "Er esse ja nur kein Fleisch, weil dem die Knochen weh täten", dann sage ich: "Egal, aber dem Tier nutzt das." Ob das Tier aus ethischen Gründen lebt weil derjenige das nicht essen darf – dem Tier nutzt es.

Die Leute sollten mal alle einen Herzinfarkt kriegen, die sollen mal alle Gicht und Rheuma kriegen! *(Vera lacht)*

I: Gibt es sonst noch etwas, das für Dich wichtig ist, dass Du zum Veganismus sagen möchtest?

Vera: Es müsste selbstverständlicher werden. Als Veganer sollte man sich nicht immer rechtfertigen müssen. Man sollte jeden Abend nach der Tagesschau so einen Film bringen. Die Leute müssen wahrscheinlich noch öfters diese Dinge vorgesetzt bekommen. Es gibt natürlich die ganzen Leute, die das nicht sehen wollen. Wie zum Beispiel die Leute, die zum Holocaust sagen: "Da muss mal langsam aufgehört werden, da muss doch mal langsam Schluss sein." Da bin ich der Meinung, das muss immer gesendet werden und immer wiederholt werden. So etwas kann man nicht vergessen und so was darf man nicht. Wir haben genauso damit zu tun.

I: Siehst Du hier eine Parallele?

Vera: Ja, die sehe ich schon.

I: Und welche?

Vera: Das hat natürlich viel mit Ethik zu tun, aber ich denke, die Leute wollen das nicht sehen. Die wollen nicht sehen, was damals im Dritten Reich Schlimmes passiert ist und genauso wenig wollen die Leute es sehen, was mit den Tieren passiert. Es ist genau so, wie es Paul McCartney mal gesagt hat: "Wenn Schlachthäuser alle aus Glas wären, würde keiner mehr Fleisch essen." Genauso ist das. Die Leute wollen nicht daran erinnert werden. Die Leute wollen das nicht sehen. Und das ist für mich das Gleiche wie damals. Die Leute haben die Augen zu gemacht vor dem Leid der Menschen. Und heute verschließen die Leute die Augen vor dem Leid der Tiere. Weil das ja meist auch nicht am selben Ort passiert ist, an dem die Leute gewohnt haben. Genau so, wie das Tier nicht am Esstisch geschlachtet wird. Da regen sich zwar auch viele auf, dass man das nicht vergleichen könne, obwohl man das ja dadurch nicht mindert, was passiert ist. Aber manchmal, wenn man sieht, wie die Menschen mit Tieren umgehen und dann sagen "So was könnte nie mehr passieren", dann kann man es eigentlich gar nicht glauben, dass das nie mehr passieren kann.

I: Hältst Du Begriffe wie "Hühner-KZ" für gerechtfertigt?

Vera: Ja. Das ist durchaus gerechtfertigt.

I: Gab es schon mal Probleme mit Leuten, die gemeint haben: "So was kannst Du doch nicht sagen; das kannst Du nicht vergleichen!"?

Vera: Ja, natürlich. Aber ich kann es nur so sagen, wie ich darüber denke. Und ich denke, dass es einfach so ist. Es sind nun mal Hühner-KZ. Ist doch so! Und die ganzen Argumente "Das war schon immer so" und so weiter, die zählen nicht. Es zählt für mich alles nicht, wenn zum Beispiel die Leute sagen: "Die Katze fängt ja auch eine Maus" oder "Guck mal, da die Fischreiher" oder so. Sonst wollen die Menschen sich auch immer über die Tiere setzen und sagen, dass diese nicht denken können. Und deshalb frage ich die Leute auch: "Siehst Du denn, dass der Löwe das Fleisch pökelt oder Wurst davon macht? Oder dass der eine Fabrik anlegt und Geld damit verdient oder sonst was macht? Der nimmt doch nur, was er für sich und seine Kinder braucht. Die Tiere nehmen nur das, was sie für sich brauchen."

I: Welche Reaktionen kommen dann von den Leuten?

Vera: Oft nur ein dummes Lachen oder so ein Abtun. Meistens können die Leute mir keine Antwort geben. Ich verstehe es nicht, wie Menschen so denken und das trotzdem tun.

I: Fühlst Du Dich dann als Außenseiterin?

Vera: Ja, schon. Aber ich habe damit kein Problem. Wen ich zum Beispiel auch nicht verstehen kann, ist dieser Günther Stolzenberg,[27] bei dem ich mal zu Hause war. Der hat viele Bücher über den Vegetarismus geschrieben. Ich kann nicht verstehen, dass er sich vegetarisch ernährt hat und nicht vegan. Der Mann hat den ganzen Tag nur Bücher geschrieben; den ganzen Tag. Ich war bei ihm zu Hause. Er hatte, als

[27] Günther Stolzenberg (1907-1995) war Sportler, Pädagoge und Schriftsteller

er gestorben ist, noch eine ganze Wand voller Manuskripte. Dass der immer gesagt hat: "Eine gute Kuh gibt auch ein paar Liter Milch mehr und deswegen könnten die Menschen ruhig Milch trinken." Das hatte ich auch mit ihm diskutiert. Das ist jetzt zwei Jahre her. Er hat sich immer einen Liter Milch gekauft, ist immer ins Reformhaus gegangen und hat da eingekauft. Das stand zum Beispiel auch in dem Nachruf vom Vegetarierbund drin. Und ich habe gedacht, der wäre ein total strenger Vegetarier. Und dann komme ich da hin und sehe die Milch dort stehen. Der hat zwar wirklich sehr spartanisch gelebt, hat sich nur Brot gekauft und Butter gegessen und immer einen Liter Milch. Und dann hat er sich Bohnen und Kartoffeln gekauft. Mehr hatte der nicht. Ein Mensch, der so viel gedacht und der über solche Dinge geschrieben hat, das verstehe ich nicht. Da habe ich auch, wie gesagt, lange mit ihm draußen auf seiner Veranda gesessen und mit ihm diskutiert.

I: Hast Du eine Idee, wie man den Veganismus gesellschaftsfähiger machen könnte?

Vera: Also, ich finde es schon gut, dass es das Heft "Vegetarisch fit!" gibt und auch, dass es so eine Aufmachung wie eine Illustrierte hat. Wenn das wie ein Buch aufgemacht wäre, dann würden die Leute nicht so sehr danach greifen. Und ich finde es gut, dass die neben den vegetarischen auch den einen oder anderen Artikel haben, der über Veganismus informiert. Davon müsste es mehr geben.

Und ja, was kann man noch machen? Man kann es den Leuten vorleben. Man braucht sich nicht zurückzuziehen. Man soll das offen vertreten und nicht versuchen den Leuten das aufzudrängen. Damit erreicht man gar nichts. Wenn man versucht, den Leuten was aufzudrängen, dann geht nichts. Man sollte ganz normal leben, da viele Leute den Veganismus noch immer mit dem "Latschen-Image" verbinden. Deswegen finde ich es gut, wenn ich auf Leute treffe, die nicht so sind und sich trotzdem vegetarisch oder vegan ernähren. Einer meiner Söhne ist 32 und seine Freundin isst Fleisch, aber nicht bei ihm. Er nimmt immer Bücher oder Hefte von mir mit und fragt "Hast Du nicht noch was?", um ihr das zu zeigen. Dann habe ich noch einen Sohn und seine Freundin. Die Eltern von der Freundin sind total dagegen. Da hat er einen ziemlich schweren Stand. Einmal habe ich zum Beispiel Lebensmittel geschenkt bekommen, unter denen eine Wurst war. Und da sagte er zu mir: "Die kannste mir für die Freundin mitgeben." – "Nein", sagte ich, "die gebe ich Dir nicht für die Freundin mit, so was mache ich nicht." Ich meinte: "Das fände ich auch nicht gut von Dir, wenn Du ihr die Wurst geben würdest, weil sie so was isst und Du noch so frisch verliebt bist. So kannst Du nicht darauf eingehen." Das akzeptiert er auch, aber ich kann so was nicht. Aber er ist noch jung, gerade erst Mitte 20. Damit habe ich das entschuldigt.

I: Warum bleibst Du trotz dieser Schwierigkeiten Veganerin?

Vera: Warum? Das ist doch eine Selbstverständlichkeit, wenn man sich damit befasst und das einmal vom Kopf her verstanden hat. Wenn man Veganerin ist, dann befasst man sich ja viel mehr damit; mit der Umwelt und mit Tieren, mit allem. Man kann doch nicht zurückgehen! Man kann nicht einen Schritt zurück machen, das geht doch gar nicht.

I: Ich danke Dir für dieses Gespräch.

Zehn Jahre später teilt mir Vera (inzwischen 72 Jahre) in einem Briefwechsel mit, dass sie immer noch vegan lebt.

13. Etwas verändern
(Frank, 49, Bankkaufmann)

I: Hallo Frank. Schön, dass Du Zeit hattest. Wie wurdest Du vegan?

Frank: Ich hatte mich seit mehr als 20 Jahren mit philosophischen Fragen und auch mit Fragen zur Tierethik beschäftigt, aber aus Oberflächlichkeit die Konsequenzen aus dem Gelesenen immer wieder verdrängt. Vor etwas mehr als 10 Jahren wurde mir dann durch ein traumatisches Erlebnis mit einem Tier – ein kleines Kaninchenkind, das mir zugelaufen war – in einem einzigen Augenblick bewusst, dass wir alle, alle Lebewesen auf dieser Welt, nach dem Gleichen streben: nach Wohlsein und Glück. Es wurde mir plötzlich ganz klar, dass es ethisch niemals richtig sein kann, schwächere Lebewesen zu unterdrücken oder für unsere Zwecke auszubeuten ... und erst recht nicht zu töten, um sie zu essen. Alle streben danach, glücklich zu sein!

Von diesem Augenblick an habe ich aufgehört, Fleisch zu essen. Aber es brodelte in mir, denn ich wusste, dass ich auch durch eine vegetarische Ernährungsweise weiterhin Leid verursache. Trotzdem – der Mensch ist ein Mangelwesen, das schrieb einmal der Philosoph Gehlen[28] – dauerte es noch etwa vier Jahre, bis ich mich entschlossen hatte, einen ganz anderen Lebensstil zu verfolgen: vegane Ernährung und Minimierung des Konsums, denn jegliche Produktion verursacht direkt oder indirekt Leid für Menschen und Tiere; und ein Boykott des Staates, soweit mir dies möglich war, denn – so schrieb schon Nietzsche im Zarathustra – es sind die "Staaten die größten aller Ungeheuer". In der Folge wurde ich hauptberuflich Tierrechtler, um die berühmte Erdnuss ein kleines Stück in die richtige Richtung zu bewegen. Ausschlaggebend für diesen Entschluss war die Überlegung, dass der Vegetarismus nur die halbe Miete ist. Will ich konsequent sein, so muss ich vegan leben und mich von jeglichem nicht notwendigen Konsum frei machen. Ich glaube, dies habe ich durch meine Lebensführung einigermaßen umgesetzt.

[28] Arnold Gehlen (1904-1976)

I: Wie reagierte Deine Umwelt darauf?

Frank: Zuerst reagierten Familie, Freunde und Bekannte mit Befremden und Unverständnis auf meine neue Sichtweise. Aber alle hörten sich meine Argumente neugierig an und versuchten mich zu verstehen, denn mein Wort hatte auch damals irgendwie Gewicht. Als meine Forderungen eindringlicher wurden, spürte ich zunehmend von den "Ewig Gestrigen" eine Distanzierung. Innerhalb der Familie wurde meine Sichtweise geduldet, wenn auch hin und wieder mit Kopfschütteln; ich war ja ein Mitglied der Familie. Mein Freundeskreis dünnte sich jedoch mehr und mehr aus; sie wollten nicht mit jemandem befreundet sein, der sie immer darauf aufmerksam mache, was in dieser Welt eigentlich vor sich geht. Nach einiger Zeit habe ich dann von mir aus den Kontakt zu jenen Menschen abgebrochen, die nicht auf meiner Linie lagen. Ich fühlte mich dadurch wohler und sie wahrscheinlich auch. Es begann die Zeit der unendlichen Einsamkeit. Mittlerweile ist der Kreis jener, die ich zu meinen Freunden zähle, klein geworden. Aber gerade diese innige Freundschaft zu Gleichgesinnten gibt mir die Kraft, den Glauben an die Menschheit nicht gänzlich aufzugeben. Ich kämpfe!

I: Hast Du Schwierigkeiten als Veganer?

Frank: Ja, allerdings, weil viele Veganer über das Ziel hinaus schießen. Es geht nicht um den Veganismus als eine Lebensphilosophie. Es geht in dieser brutalen Welt einzig und allein darum, die bestehenden Probleme so anzugehen, dass am Ende etwas Positives bewirkt wird. Wer mit seinen Forderungen über das Ziel hinaus schießt, wird nicht viel bewegen. Wer den Menschen mit all seinen Schwächen so sieht, wie er ist, ihn akzeptiert und mit Geduld vorgeht, der wird eher erfolgreich sein.

I: Was könnte denn Deine Situation als Veganer verbessern?

Frank: Meine Situation ist zum großem Teil abhängig von der Situation jener, die Tag für Tag unter dem existierenden System leiden müssen. Diese Situation wird sich erst dann zum Positiven verändern, wenn es weniger Leid durch Menschenhand auf dieser Erde geben wird. Vor Allem wünsche ich mir mehr Zusammenhalt unter jenen Menschen, die das gleiche Ziel vor Augen haben. Nur geschlossen können wir etwas verändern. Nur in einem gemeinsamen Vorgehen können wir unsere Ziele nach und nach erreichen. Solange dieser Zusammenhalt fehlt, werden wir nicht viel bewirken können. Ausbleibende Erfolge werden sich wiederum negativ auf unser persönliches Wohlbefinden auswirken. Es gilt also für uns und die betroffenen Opfer der Diktatur des Menschen über diese Welt, so schell wie möglich Verbesserungen herbeizuführen. Wir alle wollen glücklich sein – und wir haben ein Recht, glücklich zu sein! Wir können aber nicht glücklich sein, wenn es so weiter geht wie bisher.

Ich bin zwar im letzten Drittel meiner Lebensspanne angekommen, fühle mich aber noch sehr vital. Eigentlich zu vital für mein Alter. Mein Alter in Jahren: Die magische Zahl 50 ist erreicht, aber mein Herz und meine Bereitschaft, für eine bessere Welt zu kämpfen, entsprechen denen eines Jugendlichen. Mein Beruf zurzeit: Tierrechtler. Mein erlernter Beruf: All das zu verkaufen, was man eigentlich nicht braucht, um wirklich glücklich zu sein.

I: Frank, ich bedanke mich für das Interview.

14. Ein dynamischer Prozess (Dorian, 32, Medienoperator)

I: Hallo Dorian. Schön, dass Du Zeit für dieses Gespräch hast. Wie wurdest Du vegan?

Dorian: Über die berufliche Schiene begegnete ich einem Menschen, der sich selbst als "Straight Edge" und vegan bezeichnete. So kam ich erstmals bewusst mit dem Veganismus in Form einer persönlichen Anschauung und Lebenspraxis in Berührung. Dieser erste Kontakt kann wahrscheinlich als Initiierung für meinen Entschluss, selbst vegan leben zu wollen, angesehen werden. Es folgten ethisch-moralische Überlegungen und die konkrete Absicht, selbst vegan leben zu wollen. Gedacht, getan. Der Entschluss, meine zuvor ethisch begründete ovo-lakto-vegetarische Ernährung sukzessiv in ein veganes Konsumverhalten zu transformieren, wurde dann in die Praxis umgesetzt. Veganismus verstehe ich als einen dynamischen Prozess, so wie das Leben allgemein. Ich wurde also vegan, und ich werde es immer noch. Vegan bleiben zu wollen ist ebenso Teil meines Lebens, wie vegan zu sein.

I: Wie hat Deine soziale Umwelt auf die vegane Lebensweise reagiert?

Dorian: Sehr unterschiedlich. Im familiären Kreis begegnete man meiner Entscheidung anfänglich mit Skepsis bis hin zu verbal geäußerter Ablehnung. Im Freundeskreis gab es keinerlei Akzeptanzprobleme, sondern eher Interesse hinsichtlich meiner persönlichen Gründe für eine vegane Lebensweise. Subjektiv habe ich den Eindruck gewonnen, dass ich meine Lebensweise größtenteils als einen positiven Impuls an mein soziales Umfeld weitergeben konnte und geben kann. Nicht zuletzt sehe ich dies in einer ruhigen, konfliktarmen Grundeinstellung und im Vorhandensein einer innerlich verbliebenen Dialogbereitschaft begründet. Jegliches Handeln ist fragwürdig. Die meisten Personen, denen ich begegne, übernehmen die vegane Lebensweise beziehungsweise entsprechende Konsequenzen für sich selbst nicht. Es gibt aber Menschen, die vegan wurden, nachdem sie mich als

Veganer kennen gelernt haben. Die Reaktionen meiner sozialen Umwelt sind also zum Teil ambivalent.

I: Hast Du Schwierigkeiten als Veganer?

Dorian: Es gibt spezifische Schwierigkeiten, die ich als vegan denkender und handelnder Mensch wahrnehme. Das sind unter Anderem Konflikte oder Gegensätze mit moralischen Ansichten und deren Auswirkungen in der Gesellschaft sowie praktische Probleme. Das Leben in einer arbeitsteiligen, per se unveganen beziehungsweise contra-veganen Gesellschaft ist für vegan lebende Menschen folglich schwieriger, als es ein Leben in einer gleichartigen, jedoch veganen Gesellschaft wäre, welche in ihren moralischen Grundsätzen Prämissen für eine möglichst vegane Lebensweise enthielte und somit diesbezüglich weniger Konflikte verursachen würde.

Die Schwierigkeiten ergeben sich demnach aus dem Spannungsfeld meiner Lebensweise in Bezug zur unveganen Gesellschaft. Die Schwierigkeiten sind allerdings von mir selbst positiv beeinflussbar, subjektiv veränderbar und können als solche gegebenenfalls auch marginalisiert werden, um so möglichst konstruktive Prozesse wie Motivationen zu erzielen. Destruktivität, Resignation oder Fundamentalisierung sind meiner Ansicht nach nicht dazu geeignet, Probleme dauerhaft und zufrieden stellend zu lösen.

I: Was könnte denn Deine Situation als Veganer verbessern?

Dorian: Folgende Dinge könnten meine Situation verbessern: Selbsttätiges Handeln, Anstoß und Nutzung von Synergieeffekten, Auf- und Ausbau sozialer Netzwerke, Informationsvermittlung und Impulsgebung an den Mainstream, positive Förderung des Themas Veganismus in der Gesellschaft, gezielte Konsumkritik und Konsumbeeinflussung, persönlich und gesellschaftlich, augenblicklich unberücksichtigte oder unbekannte Aspekte.

I: Wie bewertest Du das Image von Veganern in der Gesellschaft?

Dorian: Die Auseinandersetzung mit Veganismus-relevanten Inhalten innerhalb der deutschsprachigen Gesellschaft empfinde ich teilweise als unvollständig, fehlerhaft und xenophob.[29] Eine klare und

[29] Xenophob (griechisch): Fremdem gegenüber feindlich eingestellt sein

einheitliche vegane Linie scheint es allerdings auch nicht geben zu können, da Menschen, die vegane Ideen in ihr persönliches Leben integrieren, zu verschieden sind, um eine vegane Schnittmenge beziehungsweise einen veganen Prototyp bilden zu können. Ein Image, ein Ansehen oder eine Meinung über Veganer kann also nie vollständig, allgemeingültig oder hinreichend sein, da sich das Spektrum der individuellen Eigenschaften vegan lebender Menschen mit dem von nicht-vegan lebenden Menschen weitestgehend deckt. "Sage mir was Du isst, und ich sage Dir, wer Du bist" – So einfach ist das nicht, in keinem Fall. Leider kann ich mich manchmal des Eindrucks nicht erwehren, dass oft und bevorzugt negativ-kritische Informationen – wie pseudomedizinische, lobbyistische, politische, ideologische – in vegan-relevanten Kontexten gesucht, extremisiert und pauschalisierend dargestellt werden. Schließlich scheint der Veganismus immer noch als ein Fremdkörper in und von der Gesellschaft angesehen zu werden, demgegenüber es sich abzugrenzen gilt. Die zukünftige Integration veganer Konzepte in die Gesellschaft sehe ich hingegen als vollkommen offen und unvorhersehbar an. Womöglich werden es eher ökonomische statt ethische Motive sein, die dem Veganismus zukünftig mehr Gewicht verschaffen werden. Wo es um existenzialistische Überlebensfragen geht, also um Notwendigkeiten, da kann aus einem designierten Möchtegern-Gutmenschen schnell ein Vorzeige-Ökonom werden – und umgekehrt. Alles ist möglich.

I: Vielen Dank für das Gespräch.

15. Lebenswichtig
(Betsy, 37, Angestellte)

I: Hallo Betsy. Seit wann lebst Du vegan?

Betsy: Vegan lebe ich seit mindestens 14 Jahren.

I: Wie bist Du zum Veganismus gekommen?

Betsy: Das war eine langsame, aber durchgehend konsequente Entwicklung aus einer vorhergehenden vegetarischen Ernährungsweise.

I: Und wie bist Du vegetarisch geworden?

Betsy: Das begann alles schon recht früh. Im Alter von etwa 10 Jahren machte es mir Angst, dass Menschen einmal sterben müssen und ich fand das alles sehr unlogisch. Ich wollte wissen, was nach dem Tod kommt, da es – nach meinem damaligen Denken – nach einem Ende ja auch wieder einen Anfang geben müsse. *(Betsy lacht)*

Wir hatten zuhause immer Haustiere und ich war sehr tierlieb. Doch irgendwann zweifelte ich daran, dass es richtig sei, meine zwei Fische in einem Plastikaquarium mit Kalksteinen zu halten. Es dauerte nicht lange, da "befreite" ich die beiden Tiere und setzte sie in einem Gartenteich des Nachbarn aus. Ob sie das überlebt haben, weiß ich nicht…

Im Alter von etwa 12 Jahren erfuhr ich durch die Zeitschrift "Ein Herz für Tiere" von Tierversuchen und war schrecklich empört. Ich begann mich gegen Tierversuche zu engagieren und verschickte Briefe an Politiker. Dieses Engagement für die Tiere führte auch dazu, dass ich nicht verstand, warum es "gute" Tiere wie Hunde oder Katzen zum Kuscheln und Umsorgen gab und "schlechte" Tiere wie Schweine und Rinder zum Essen. Das wollte mir einfach nicht in den Kopf. Ich fand das ungerecht und unlogisch und begann bei Mahlzeiten, auf Fleisch zu verzichten. Meine Eltern waren zu der Zeit strikt dagegen und erlaubten mir meine vegetarische Ernährungsweise erst nach Rücksprache mit unserem Hausarzt. Seit dem Frühjahr 1985 habe ich nun kein Fleisch mehr angerührt.

I: War es einfach für Dich, auf Fleisch zu verzichten?

Betsy: Eigentlich fand ich es nicht schwer, da ich mich zum Teil davor ekelte. Aber bei gebratenem Hackfleisch musste ich doch sehr mit mir kämpfen, wobei die Tierliebe zum Glück siegte. *(Betsy lacht)*

I: Kanntest Du damals andere Vegetarier?

Betsy: Bis zum Abitur hatte ich nur Briefkontakte mit vegetarisch lebenden Personen, kannte persönlich aber keine Vegetarier. Später war auch mein bester Freund und mein damaliger Partner beide Vegetarier und wir grenzten uns ziemlich stark von den Anderen ab. Ich konnte und wollte mit Menschen, die Fleisch aßen, einfach nicht viel zu tun haben. Zusätzlich litt ich unter den dummen Blicken der Anderen, da ich aus Mitleid mit dem Tier kein Fleisch aß.

I: Wie wurdest Du dann vegan?

Betsy: Als ich vegetarisch wurde, gab es noch kaum Ersatzprodukte und demzufolge konsumierte ich ziemlich viel Käse und andere Milchprodukte, bis ich im Alter von 20 Jahren zum Studieren in eine andere Stadt zog. Ich musste mir meine Lebensmittel selbst kaufen und begann, stärker über die Herkunft der Produkte nachzudenken. Ich begriff, dass durch den Milchkonsum die Kühe und Kälber schlecht gehalten werden, dass in Käse Lab enthalten ist und, woraus Gelatine besteht. Das fand ich alles sehr eklig. Fortan ersetzte ich meine konventionellen Milchprodukte durch Produkte aus dem Reformhaus, was damals recht teuer war. Aber diesen Luxus war mir mein Gewissen wert. Zur gleichen Zeit engagierte ich mich stark gegen die Jagd, die ich neben den Tierversuchen ziemlich bestialisch fand. Ich war auf Demonstrationen und lernte dort erstmals Veganer kennen. Zuerst mochte ich sie nicht, da sie mich aggressiv auf meine Lederschuhe ansprachen, später aber verstand ich ihre Wut und trennte mich von meiner nicht-veganen Kleidung. Das fiel mir sehr schwer, da ich früher sehr viel Wert auf extrem schicke und hochwertige Bekleidung gelegt habe und gerne Seide, Kaschmir und teure Lederschuhe gekauft hatte. Aber ich mochte diese Produkte nicht mehr mit reinem Gewissen tragen und verschenkte sie. Schweren Herzens ging ich in die Schuh-Discounter und kaufte mir beschämt meine ersten billigen und qualitativ schlechten – aber veganen – Kunstlederschuhe.

I: Wie reagierte Deine Umwelt darauf?

Betsy: Mit einer Mischung aus Faszination und Kopfschütteln. Einige fanden es toll, dass ich mich der Wahrheit, Ehrlichkeit und Gerechtigkeit stellte, Andere werteten mich als Spinnerin ab.

I: Hattest Du Schwierigkeiten als Veganerin?

Betsy: Zum Teil, ja. Ich gehe zum Beispiel, seitdem ich vegan lebe, seltener in Restaurants. Zudem finde ich es schade, dass ich keine hochwertigen Schuhe mehr finde, die ein Leben lang halten. Diese billigen Schuhe aus den Discountern sind nicht gut, und die hochwertigen aus England sind zum Teil einfach hässlich. Mich nervt es, dass Leute irritiert sind, dass vegane Nahrung gesund und lecker sein kann. Die Vorurteile sind so stark verankert, dass man kaum dagegen ankommt. Viele betrachten einen Veganer als Bedrohung, da er an ihrem schlechten Gewissen nagt. Wie viele Menschen habe ich schon kennen gelernt, die mir – ohne dass ich sie danach fragte – erzählten, dass sie nur ganz selten Fleisch essen würden. Sie haben alle ein schlechtes Gewissen!

I: Was könnte denn Deine Situation verbessern?

Betsy: Im Moment bin ich eigentlich ganz zufrieden, da ich eine Arbeit habe, die mir meine vegane Lebensweise finanziert und selten Problem im sozialen Umfeld auftreten, da dieses überwiegend vegan oder vegetarisch ist. Mir ist es sehr wichtig, dass meine Beziehungspartner vegetarisch oder vegan sind. Mein derzeitiger Freund lebt ebenfalls vegan, so dass es in der Partnerschaft keine Probleme gibt. Die gibt es nur bei familiären oder beruflichen Geselligkeiten, wenn ich mich "outen" muss. Das ist dann immer eine Gratwanderung zwischen "Vordenker" und "emotionaler Spinner". Ich engagiere mich in meiner Freizeit sehr stark für die vegane Lebensweise und die Tierrechte. Manchmal kann ich sagen: "Das hält mich am Leben." Es ist für mich eine Art Verpflichtung, der ich mich nicht entziehen darf.

I: Was wünschst Du Dir für die Zukunft?

Betsy: Ich hoffe, dass es irgendwann so etwas wie ein "Institut für Tierrechte" geben wird und dass ich daran mitwirken kann.

I: Betsy, ich danke Dir für das Gespräch.

16. Zufrieden
(John, 45, Selbständig)

I: Hallo John. Schön, dass Du Dir für das Interview Zeit genommen hast. Wie wurdest Du vegan?

John: Vor Allem durch das eigene Nachdenken über die Machtstrukturen in dieser Gesellschaft und auf diesem Planeten.

I: Und aus welchen Gründen wurdest Du zuvor Vegetarier?

John: Vegetarier wurde ich aus Solidarität zu den Tieren und wegen meiner damaligen Partnerin, die vegetarisch lebte.

I: Wie reagierte Deine soziale Umwelt darauf, dass Du Veganer wurdest?

John: Die Meisten der älteren Leute verurteilten diese Entscheidung. Aber bei den Jüngeren gab es schon ein bisschen mehr Zustimmung bis hin zu apologistischen[30] Behauptungen, dass man selbst auch kaum oder kein Fleisch äße. *(John lacht)*

I: Gibt es in Deinem Bekanntenkreis viele Veganer?

John: Nein, eigentlich nur ganz wenige.

I: Bist Du mit Deiner Situation als Veganer zufrieden, oder könnte diese verbessert werden?

John: Ich bin mit meiner Situation als Veganer eigentlich ganz zufrieden.

I: John, vielen Dank für das Interview.

---

[30] Apologistisch (griechisch): verteidigenden, entschuldigenden

17. Keine Beeinträchtigungen (Oliver, 39, Programmierer)

I: Hallo Oliver. Schön, dass Du Zeit für ein Interview hast. Zuerst interessiert mich, wie Du vegan wurdest.

Oliver: Nachdem ich an dem Tag, als ich Vegetarier wurde, einen Veganer kennenlernte, haben wir uns knapp vier Wochen lang viel unterhalten und ich habe mich mit der Thematik auseinander gesetzt. Am Ende des Monats habe ich dann die Entscheidung getroffen, dass ein veganer Lebensstil der nächste Schritt für mich sein muss.

I: Wie reagierte Deine Umwelt darauf?

Oliver: Anfangs wussten viele Leute gar nicht, was das ist. Andere haben es als Spinnerei abgetan oder als ungesunde Ernährungsweise dargestellt. Insgesamt waren die Reaktionen allerdings eher positiv, von Akzeptanz bis zu einem sehr respektvollen Umgang.

I: Hast Du Schwierigkeiten als Veganer?

Oliver: Eigentlich nur im Urlaub, da ist es manchmal schwierig zu vermitteln, was in einem Essen drin sein darf und was nicht. Im alltäglichen Leben merke ich keine Beeinträchtigungen.

I: Könnte Deine Situation noch verbessert werden?

Oliver: Günstigere Bioläden wären nicht schlecht. *(Oliver lacht)* Ansonsten bin ich mit meinem veganen Lebensstil sehr zufrieden und sehe keinen wesentlichen Verbesserungsbedarf.

I: Oliver, ich bedanke mich für das Gespräch.

18. Das Problem der Rechtfertigung (Rose, 36, Betriebswirtin)

I: Hallo Rose. Schön Dich zu sehen. Wie wurdest Du vegan?

Rose: Also vegetarisch lebe ich seit 17 Jahren und vegan seit 11 Jahren. Ich habe mich schon während meiner Zeit als Vegetarierin immer gefragt, ob ich nicht vegan leben soll. Das ausschlaggebende Erlebnis war es letztendlich, zu sehen, wie einer Kuhmutter ihr Baby weggenommen wurde. Der Bauer fuhr mit dem unsäglich schreienden Kälbchen davon, die Mutter war hinter dem Zaun, den sie versuchte einzutreten, sie schrie und schrie und wollte zu ihrem Baby. Das war ganz, ganz schrecklich!

I: Wie reagierte Deine Umwelt darauf, dass Du vegan wurdest?

Rose: Die Meisten reagierten unverständlich. Der Vegetarismus war für sie noch O.K. und nachvollziehbar, aber den Veganismus verstand nur ein Bruchteil. Andere können es einfach nicht fassen, dass es möglich ist, auf Käse und Milchprodukte zu verzichten. Ich muss grundsätzlich immer ein Statement abgeben, was das alles beinhaltet und ob ich keine Mangelerscheinungen habe.

I: Hast Du Schwierigkeiten als Veganerin?

Rose: Eigentlich nicht. Ausnahme bilden gesellschaftliche Zusammenkünfte, wo das Problem der Rechtfertigung immer wieder auftritt und natürlich auch die Essensauswahl begrenzt ist. Letzteres ist aber nicht so schlimm für mich. Ich habe einen kleinen Sohn, der seit seiner Geburt vegan ernährt wird, wobei ich ihn sechs Monate voll gestillt habe. Mit fast 13 kg auf 76 cm Körpergröße ist er ein ziemlich gut genährtes Kind und alle Vorsorgeuntersuchungen hat er sehr gut bestanden. Er ist ganz auf dem Entwicklungsstand, den er in seinem Alter haben sollte. Kaum zu glauben, denn angeblich sollen vegane Babys und Kleinkinder ja zu dünn, unterentwickelt und generell rückständig sein. Das ist bei ihm absolut nicht der Fall. *(Rose lacht)*

I: Gibt es etwas, das Du Dir hinsichtlich Deiner Umwelt wünschen würdest?

Rose: Ja. Auf jeden Fall mehr Toleranz bei meinen Mitmenschen, ein besseres Angebot in der Gastronomie und ein größeres veganes Sortiment im normalen Lebensmitteleinzelhandel.

I: Rose, ich danke Dir für das Interview.

19. Ein Ausbeutungskonsum (Tessa, 36, Erziehungswissenschaftlerin)

I: Hallo Tessa. Schön, dass Du Zeit für ein Interview hast. Wie wurdest Du vegan?

Tessa: Das ist nun schon circa 15 Jahre her. Ich wurde ein Jahr zuvor erst einmal Vegetarierin, was mir anfänglich recht schwer fiel, da ich als Kind und Jugendliche recht viel und gern Fleisch aß. Ich hatte bereits als Kind ein sehr, sehr vertrautes Verhältnis zu Tieren, auch wenn ich als Kind nie so genannte Haustiere hatte. Vor allem liebte ich große Hunde wie Boxer und Hovawards, vor denen ich bereits als Kleinkind nie Angst hatte. Als ich einmal von einem großen Schäferhund tief in den Rücken gebissen wurde und deshalb einen Tag im Krankenhaus verbrachte, war mein tiefes Urvertrauen in große Hunde nicht im Geringsten beeinträchtigt. Das erstaunte damals viele.

In jedem Herbst verbrachte ich mit meinen Eltern den Urlaub auf dem Bauernhof und war dort den ganzen Tag bemüht, mich um die vielen eingesperrten Kühe, Kälber und Schweine zu kümmern, die so trostlos den ganzen Tag dazu verdammt waren, im Stall nebeneinander angebunden zu stehen. Als ich dabei sein musste, wie ein Schwein geschlachtet wurde – es wurde erschossen, mit einem Direktschuss in die Stirn – war das ein traumatisches Erlebnis für mich, das ich nie wieder vergessen habe. Auch einen gegen meinen Willen angesetzten Angeltag mit Bekannten meiner Eltern boykottierte ich, indem ich mich frühmorgens, bevor ich aus meinem Zimmer abgeholt werden sollte, aus dem Staub machte und mich so lange versteckte, bis die Angelei zu Ende war. Es war ein ganz schlimmes Gefühl, dass ich den Fischen nicht helfen konnte, und es quälte mich sehr. Und als Kind hilflos der Gewalt zuzusehen, die die so genannten Nutztiere erfuhren, von Menschen, die ich eigentlich nett fand, das war schon unglaublich traumatisch und hat mich nie mehr losgelassen. Für mich waren Tiere immer freundlich und liebenswert und ich verstand nicht, dass Andere sie teilweise so schlecht behandelten.

Die Konsequenzen aus meinem Mitgefühl für die Tiere kamen leider erst sehr viel später. Als ich mit etwa 20 Jahren begann, mich ehrenamtlich im nahe gelegenen Tierheim zu engagieren, lernte ich dort auch die ersten Vegetarier kennen. Ich bewunderte sehr, dass sie aufgrund ihrer Liebe zu den Tieren konsequent vegetarisch lebten. Ich konnte mir anfangs überhaupt nicht vorstellen, das durchzuhalten, ich war wie gesagt eine große Fleischesserin. Aber es stellte sich langsam ein Bewusstseinsprozess ein, der mir die Augen öffnete, die Perspektiven erweiterte und der mir die Lust auf Fleisch merklich schmälerte, weil die Verbindung der Tierqual mit den Bröckchen Fleisch in meiner Gyrostasche zu offensichtlich wurde.
Ich engagierte mich bald in traditionellen Tierschutzbereichen wie dem Schutz der Wale, Haustiere und gegen Tierversuche, schrieb Leserbriefe und sammelte Unterschriften. Mit ein paar Vegetariern aus dem Tierheim gingen wir bald auf große Demos für Tierrechte; das waren damals vor allem die klassischen "Rattendemos"[31] im Ruhrgebiet. Da lernte ich auch zum ersten Mal Veganer kennen, die ich anfangs zwar skeptisch als Übertreiber betrachtete, deren Argumente aber natürlich nicht von der Hand zu weisen waren. Es waren zum Beispiel meine Lederschuhe aus Kuh- bzw. Kälberhaut von Tieren, die mich faszinierten und mit deren Leichenteilen ich mich nun kleidete. Aber wie so oft im Leben waren es vor allem die kleinen Vorlieben des Alltags, die mich anfangs dazu brachten, diese Veganer innerlich als Spinner und Fanatiker abzutun. Da waren meine heiß geliebten dunkelblauen Wildlederschuhe, die ich täglich trug, da gab es den heiß geliebten Tzatziki auf der Pommes, die wir Tierheimhelfer immer gern futterten, als wir nach getaner Arbeit am Abend erschöpft waren und natürlich die heiß geliebte Milchschokolade als Leckerchen zwischendurch.
Wie so oft sind es meist die normalen Gewohnheiten des Tages und die Lieblingsgerichte, die man plötzlich als lebensnotwendig ansieht und von denen man sich – jedenfalls in der herkömmlichen Herstellungsweise mit Produkten von Tieren – verabschieden muss,

[31] Demonstrationsstände, die von der Tierrechtsgruppe "die Ratten" organisiert wurden

wenn man die Konsequenzen einer wirklich tierrespektierenden Lebensweise weiterdenkt.

Aber es dauerte nicht wirklich lange, diese Gewohnheiten als das zu erkennen, was sie sind: Ausflüchte vor der eigenen Verantwortung und eine Doppelmoral, auf der einen Seite Tiere zu achten, ja, sie zu lieben, und auf der anderen Seite ihre Ausbeutung durch den eigenen Konsum zu unterstützen und sogar ihre Haut als Kleidung zur Schau zu stellen. Durch Gespräche und Flugblätter, die aufklärten, dass Milchkühe nicht von Natur aus ständig Milch für Menschen geben – das habe ich immer geglaubt –, und konfrontierende Fernsehaufnahmen vom realen tagtäglichen Tierleid in Mastfabriken und Schlachthöfen, begann ich, die Realität und die Herkunft von den so alltäglichen Lebensmitteln zu begreifen und mir auch die Mitverantwortung für dieses Unrecht einzugestehen.

So wurde ich nach etwa nach einem Dreivierteljahr recht schnell von einer Vegetarierin zur Veganerin und sah die neu erschlossene Welt nun mit ganz anderen Augen. Es folgte mehr und mehr die Erkenntnis, dass die sich selbst als tierlieb definierte Gesellschaft zutiefst widersprüchlich und grausam ist. Die so genannte Tierliebe reicht bei den Meisten nicht über die eigene Katze oder den Hund hinaus und hört spätestens auf dem Teller auf. Vor der Grausamkeit, die den Tieren für ein lebloses Stück Tier in der Pfanne angetan wird oder auch vor der Bestialität, mit der Medikamente oder Chemikalien an Tieren getestet werden, verschließen die Meisten die Augen. Das Verhältnis des Otto-Normalbürgers zu Tieren ist schon ein höchst schizophrenes, wie ich finde.

I: Wie reagierte Deine Umwelt auf Deine vegane Lebensweise?

Tessa: Da muss ich natürlich unterscheiden zwischen meinen Eltern und meinen derzeitigen Zeitgenossen und Zeitgenossinnen. Meine Eltern waren erst sprachlos, dann hielten sie es für einen infiltrierten Spleen durch eine obskure Sekte. Vegan zu leben war für meine Eltern so jenseits all ihrer fassbaren Weltansichten, dass sie dahinter nur eine Sekte vermuten konnten. Später waren sie einfach nur resigniert. Da ich mir in dieser Zeit sowieso eine eigene Wohnung suchte und bei meinen Eltern auszog, war das Problem mit dem Essens bald erledigt.

Als ich ausgezogen war und die Jahre des veganen Lebens ins Land zogen, akzeptierten sie, dass ich ihre traditionelle Kost nicht mehr aß und meine Mutter gab sich trotz ihrer Kochgewohnheiten alle Mühe, veganes Essen zu kochen. Das wurde ihr durch ihre vielen Reisen in südostasiatische Länder erleichtert, da sie dort viele vegane Gerichte kennengelernt hatte. Meine damaligen Freundinnen und Freunde waren bereits vegetarisch oder vegan oder auf dem Weg dorthin und von ihnen erhielt ich natürlich ausgiebige Unterstützung, sowohl ideell als auch praktisch, durch gemeinsames Kochen und so weiter. Nur wenige meiner älteren Bekannten verstanden meine Entscheidung, Veganerin zu sein, so dass sich dadurch die Bekanntschaften etwas veränderten. Der engere Freundeskreis bestand von da an ausschließlich aus Veganern und wenigen Vegetariern. Gleichzeitig fuhren wir gemeinsam zu Demos, malten Transparente und schrieben Flugblätter.

Als ich vegan wurde, war ich beruflich noch in der Verwaltung eines großen Konzerns tätig, so dass ich eher eine Exotin als eine gewöhnliche Kollegin war. Bei den Weihnachtsfesten zum Beispiel war so gut wie nichts für mich zu Essen da, außer eventuell einem rohen Salat, auch wenn der nur als Dekoration angedacht war. Das war schon ziemlich hart und ich habe mich dabei regelmäßig einsam gefühlt, weil um mich herum kein Verständnis herrschte, weder insofern dass sie meine Lebensweise für voll nahmen, noch dass überhaupt das klitzekleinste Unrechtsbewusstsein gegenüber den vielen toten Tieren, die da zerteilt auf dem Büfett lagen, existierte. Ich war anschließend immer froh, wieder unter Menschen zu sein, für die das vegane Leben genauso selbstverständlich war wie für mich.

I: Hast Du als Veganerin noch andere Schwierigkeiten?

Tessa: Schwierigkeiten gibt es kaum. Ich arbeite inzwischen als wissenschaftliche Angestellte an der Universität, alle engeren Kollegen wissen das und die Meisten akzeptieren es auch. Manche machen schon hin und wieder ein Drama daraus, zum Beispiel wenn ein gemeinsames Abendessen bei einer Kollegin angesetzt ist und dann Bemerkungen kommen wie "Ach, da müssen wir ja noch was für Dich kochen, die Quiche kannst Du ja gar nicht essen!" und so weiter.

Das kommt schon noch vor, obwohl ich in dem Institut, in dem ich zurzeit arbeite, seit mehr als vier Jahre bin.
Ich habe aber gemerkt, dass Andere ein Drama daraus machen und nicht ich selbst. Ich habe mir so gut es geht abgewöhnt, mich darüber zu ärgern, dass mal wieder mehr Leichen als Gemüse oder Salate auf dem Büfett stehen oder dass kaum ein Salat als richtiger Salat angesehen wird, wenn nicht Fleisch- oder Fischstücke enthalten sind. Ich sorge mittlerweile vor und nehme mir oft etwas zu essen mit oder koche beziehungsweise backe etwas für alle, damit sie sehen, dass veganes Essen nicht exotisch sein muss, sondern ganz normal, schmackhaft und reichhaltig sein kann.

Wenn ich mich innerlich ärgere, dann eher über ihr Verständnis von Tieren, die sie als Nahrungsmittel vertilgen, wo sie sonst, wenn sie irgendwo Tierbilder sehen, mit einem "Oh, wie süß" reagieren oder sich selbst hübsche Tierbilder ins Büro hängen. Das ist für mich der ganz normale Wahnsinn in unserer Gesellschaft und das würde ich auch als Schwierigkeit ansehen, wie man damit innerlich umgeht, damit man sich nicht ganz der normalen Gesellschaft entzieht und dadurch überhaupt keinen Einfluss mehr auf ihr Bewusstsein für Tiere hat. Es ist auch die Frage, wie man in solchen Fällen am Besten reagiert. Es hilft ja niemandem, wenn ich mich ewig ärgere oder es mich traurig macht, dass die mir liebgewordenen Kollegen, die ich in anderen Bereichen, zum Beispiel was das Thema Menschenrechte angeht, als recht fortschrittlich und Gerechtigkeitsuchend beschreiben würde, bei Tieren immer nur das begehrte Stück Fleisch sehen an Stelle des grausam ausgebeuteten und getöteten Wesens. Das Bewusstsein des Normalbürgers ist nach wie vor als das eines bequemen Ausbeutungskonsumenten zu bezeichnen; das gilt auch für die im so genannten Elfenbeinturm, also bei denjenigen, bei denen man davon ausgeht, dass sie über eine höhere Bildung verfügen und die Doppelmoral unserer Gesellschaft besser durchschauen könnten. Aber dem ist nicht so.

I: Gibt es etwas, das Deine Situation verbessern könnte?

Tessa: Na ja, die Vision lautet natürlich eine vegane Gesellschaft. Da ich aber im Hier und Jetzt lebe und mir eine gewisse Bodenständigkeit nachgesagt wird, weiß ich natürlich die Übermacht des menschlichen Art-Egoismus und der Tierverwertungsindustrie zu bewerten und weiß, wie weit entfernt wir von einer veganen Gesellschaft sind. Also, es würde auf jeden Fall helfen, wenn es mehr Vegetarier und Veganer gäbe. Als bei uns im Institut zum Beispiel zwei Studentinnen arbeiteten, die beide Vegetarierinnen waren, war es a) für mich leichter, weil ich nicht mehr die einzige Exotin beziehungsweise Anders-Esserin war und es mir gefühlsmäßig sehr viel besser ging, dass auch andere Leute keine Tiere essen und b) weil den Fleischessern im Institut nun gleich drei Leute zeigten, dass Tiere nicht auf den Teller gehören und sie nun noch stärker animiert wurden, über Alternativen zu Fleischgerichten nachzudenken.

Natürlich wäre es sehr viel besser, wenn es noch mehr Veganer gäbe. Und dass die allgemeine Öffentlichkeit Veganer nicht mit Spinnern, Kostverächtern oder Asketen gleichsetzt, sondern ein differenzierteres Bild über die Notwendigkeit eines anderen Umgangs mit den Tieren auf der Erde bekommt und dass Veganer dabei einen konsequenten Anfang machen.

Eine Aufklärung darüber, was mit den so genannten Nutz-, Versuchs-, und Jagdtieren in unserer Gesellschaft geschieht, sollte schon im Kindergarten anfangen, in der Schule weitergehen und sich durch die ganze Gesellschaft ziehen. Leider sind hier die wirtschaftlichen Interessengemeinschaften schneller, vor allem die, die von der Tierausbeutung leben. Die Ausblendung der Grausamkeit hinter der Tierausbeutung, die Idyllisierung von Tierzucht und die Verniedlichung von Schlachtopfern wie zum Beispiel die vielen Schweine auf Plakaten, die sich selbst zum Verzehr anbieten, sind Teil dieser Werbestrategien, um den Menschen Fleisch, Milch usw. schmackhaft zu machen. Dass eine vegane Ernährung oft als ungesund und schädlich dargestellt wird, wundert bei der Übermacht der Ökonomie keinen.

Ich habe kein Rezept, wie die Situation von Veganern in unserer Gesellschaft verbessert werden kann. Mein Interesse gilt eher denjenigen, die die eigentlichen Opfer dieser brutalen Vermarktungsgesellschaft sind: den Tieren. Und wenn diese endlich aus ihrem Sklaventum befreit sind, dann sind alle anderen Gedanken sowieso überflüssig. Tja, leider ein weiter, weiter Weg.

I: Tessa, ich danke Dir für das Interview.

20. Körperliche Verbesserungen (Alan, 39, Informatiker)

I: Hallo Alan. Schön dass Du an der Befragung teilnimmst. Wann und warum wurdest Du vegan?

Alan: Ich bin spontan von einer fleisch- und milcharmen Mischkost auf eine vegane Ernährung umgestiegen, meinem Veganismus ging also keine vegetarische Zeit voran. Ich habe diesen Wechsel zunächst als Selbstversuch gestartet und nachdem ich schon nach wenigen Tagen viele positive gesundheitliche Veränderungen verspürte, blieb ich dann aus Überzeugung dabei. Zu diesem Ernährungswechsel wurde ich durch eigenes Hinterfragen meiner Ernährungsgewohnheiten, einigen sportmedizinischen Büchern und durch Tipps von Läufern angeregt. Ich bin seit meiner Schulzeit Langstreckenläufer und seit fünf Jahren Ultramarathon- und Mehrtagesläufer. Als Ausdauersportler beschäftigt man sich natürlich mit Fragen der Ernährung und früher habe ich mich an den traditionellen Ernährungstipps von Sportärzten orientiert. Seitdem ich mich vegan ernähre, hat meine sportliche Leistungsfähigkeit einen enormen Sprung gemacht, sowohl was die Ausdauerleistung, also die Streckenlänge angeht, als auch die Schnelligkeit und die Regenerationsfähigkeit meines Körpers. Einen ruhigen Marathon in 3 Stunden und 45 Minuten und tags darauf einen 20 km Trainingslauf zu machen, ist für mich heute normal. Früher wäre das noch eine Qual gewesen. Mein Trainingspensum kann ich problemlos auf 70 bis 100 Kilometer pro Woche steigern, bei Wettkämpfen entsprechend mehr. Die Frage der Vereinbarkeit von Veganismus und Ausdauersport stellt sich mir dabei nicht, denn als interessierter Läufer stelle ich mich gerne der Frage der Vereinbarkeit von Ausdauersport und Mischkost. Weitere körperliche Verbesserungen, die ich seit meiner Ernährungsumstellung beobachtet habe, sind insbesondere ein normalisierter Blutdruck, nachdem ich jahrelang unter Hypertonie litt. Außerdem verringerte sich meine Infektanfälligkeit, ich erreichte spielend mein Wunschgewicht, mein Schlaf hat sich merklich verbessert, er ist tiefer und kürzer und ohne nächtliches Aufwachen, keine Kopfschmerzen, bessere Zähne und eine gesündere Haut.

Auf der emotionalen Ebene beobachte ich eine verbesserte Stressresistenz und Gelassenheit, eine höhere Konzentrationsfähigkeit und Effizienz bei der Arbeit, ein gesteigertes Selbstbewusstsein, eine neue Leichtigkeit und Lebensfreude, ein intensiverer Musikgenuss – ich liebe Klassik – und eine feinere Wahrnehmung durch die Sinne. Meine Mitarbeiter beschreiben mich als geduldiger, aufmerksamer, emphatischer, alles Erfahrungen, die ich nicht mehr missen möchte.

Zu den gesundheitlichen Gründen kommt der ethisch-moralische Aspekt hinzu; wenn man sich erst einmal vegan ernährt und mit dem Veganismus beschäftigt, dann führt das zwangsläufig dazu. Ich habe einen Hang zu philosophischen Schriften, besonders der griechisch-römischen Stoa mit ihrer Ethik, das führt ganz von selbst zum Veganismus, waren die großen Stoiker der Antike doch fast alle Vegetarier.

I: Hast Du auch negative Reaktionen von Deiner Umwelt erfahren?

Alan: Ja, es gab unterschiedliche Reaktionen. Seitens meiner Verwandtschaft war erst mal Unverständnis da, nach dem Motto: "Jetzt dreht er ganz durch, läuft ewig lange Strecken und isst fast nichts mehr." Es wurden die üblichen Vorurteile genannt, die vegane Ernährung würde nicht ausreichend Proteine, Vitamine und Mineralien liefern und so weiter. Ein Teil meiner Familie lebt in Südamerika, wo der Rindfleischkonsum besonders hoch ist, so dass die Vorstellung, fleischlos glücklich zu sein, noch exotischer erscheint als in Deutschland.

Auch meine Frau war besorgt, da sie dachte, sie und unsere Kinder müssten jetzt auch auf eine vegane Ernährung umsteigen. Da ich leidenschaftlich gerne koche und am Wochenende die Küche übernehme, kommt dann tatsächlich veganes Essen auf den Tisch, was allen meistens sehr gut schmeckt. Unter der Woche kocht meine Frau für sich und die Kinder das, was sie gerne essen wollen und hat für mich abends immer einen Salat, Gemüse oder Rohkost parat.

Interessant ist, wie unsere 11-jährige Tochter reagierte. Nach einer anfänglichen Skepsis sagt sie heute, dass sie mich gut verstehen kann und ihr das Fleisch auch nicht mehr schmeckt. Sie findet es auch toll, dass sich viele Ihrer Popstars vegetarisch oder vegan ernähren. So passt sich meine Familie mir langsam an, ohne dass ich Druck ausübe, auch wenn ich das implizit durch mein Essverhalten natürlich tue. Auch von Läufern habe ich sehr viel Zustimmung erhalten. Insbesondere im Ultramarathonbereich sind fast alle offen für Ernährungsfragen und viele ernähren sich vegetarisch oder vegan. Von ihnen habe ich Tipps, zum Beispiel für eine vegane Ernährung bei Mehrtagesläufen wie dem "Marathon des Sables", bekommen.

I: Gibt es bei Dir Schwierigkeiten als Veganer? Zum Beispiel im Freundeskreis oder beim Einkaufen?

Alan: Herausforderungen sind für mich immer noch Geschäftsreisen, Einladungen und Veranstaltungen. Hier muss man vorsorgen, zum Beispiel durch das Mitnehmen von Obst und Gemüse. Bei Geschäftsessen kann man durch die Restaurantwahl vieles vereinfachen. Meine Bestellung kann ich bei Nachfragen meist durch meinen nächsten Laufwettkampf begründen, auch dass ich keinen Alkohol trinke. Hartnäckige Tischgenossen lade ich dazu ein, für einige Wochen die vegane oder vegetarische Küche selbst zu probieren und schildere ihnen die vielen gesundheitlichen Vorteile, die ich durch meine Umstellung erlebt habe – das stimmt jeden nachdenklich und führt zu interessierten Nachfragen. Ich mache immer wieder die Erfahrung, dass die Themen Gesundheit, Lebenserwartung und sportliche Leistung großes Interesse wecken, während die moralisch-ethischen Fragen Mischköstler eher in die Defensive drängen.

Es ist müßig, über die Gesellschaft oder die Medien zu klagen. Ich beobachte, dass die Medien in Punkto Ernährung lediglich die gesellschaftliche Realität widerspiegeln, dass zu einer Feier in jedem Film oder Seifenoper ein Steak, Braten oder Karpfen, nebst Wein und süßer Nachspeise gehört, und dass die wenigen Prozent Menschen, die das anders sehen, abnorm im Sinne von "anders" als die Masse gelten. Als Minderheit habe ich mich persönlich stets sehr wohl gefühlt; ich bin es selber in vielerlei Beziehung: als Langstreckenläufer, als Liebhaber klassischer Musik, als Freimaurer, als Mitglied von Mensa, als Antialkoholiker, als Auslandsdeutscher – England ist mein vierter Auslandsaufenthalt. Es ist Teil meiner Persönlichkeit, scheinbar selbstverständliche Dinge zu hinterfragen, auf eigene Art zu beantworten und meine Entscheidungen mit Konsequenz zu verfolgen. Das ist nicht zuletzt Teil meines beruflichen und privaten Erfolges.

I: Gibt es etwas, was Deine Situation verbessern könnte?

Alan: Ja, das gibt es. Ich wünsche mir viel mehr Toleranz von Vegetariern und Veganern für den Rest der Bevölkerung. Nicht nur wir allein haben den Glauben, uns richtig zu ernähren. Wir haben lediglich einen schärferen Blick und ein umfassenderes Verständnis der Zusammenhänge von Ernährung, Gesundheit, Tierschutz, Ökonomie, Umwelt und Hunger auf der Welt. Wir haben gelernt, das uns überlieferte Ernährungsbild aus persönlicher Gewohnheit, gesellschaftlichen Gepflogenheiten, agrarischem Wirtschaftsdruck, mangelnder Ethik und geschicktem Marketing zu durchschauen und die Frage der persönlichen Ernährung bewusst zu beantworten. Ich wünsche mir auch viel Toleranz seitens der Menschen, die sich nicht vegetarisch oder vegan ernähren. Das ist ein gesellschaftlicher Entwicklungsprozess, der, wenn überhaupt möglich, Generationen dauern wird. Dass so etwas möglich ist, das zeigt das veränderte gesellschaftliche Verständnis zum Thema Rauchen. Hier spielen die Medien und herausragenden Persönlichkeiten als Vorbilder sowie unsere Schulen, Kindergärten, Kantinen, Familien und jeder Einzelne eine Rolle. Schließlich wünsche ich mir viel Toleranz zwischen Veganern und Vegetariern. Wir sind alle auf dem für uns richtigen Weg, uns eint so vieles. Betrauern wir nicht nur die Übel der heutigen Tierzucht sondern freuen wir uns an erster Stelle an unserem Leben, das sich bewusst für das Leben unserer Mitgeschöpfe einsetzt und uns eine Gesundheit, eine Leistungskraft und Lebenserwartung beschert, die weit über dem Bevölkerungsdurchschnitt liegt. Ich denke, darauf können wir gemeinsam stolz sein.

I: Vielen dank für das Interview.

21. Vegane Produkte
(Sascha, 47, Elektrotechniker)

I: Hallo Sascha. Es freut mich Dich zu sehen. Wie und warum wurdest Du vegan?

Sascha: Ich wurde aus gesundheitlichen Gründen zum Veganer und bin es dann aus ethischen und zum Teil gesundheitlichen Gründen geblieben. Ich bin seit 1996 Veganer und seit etwa 1978 Vegetarier.

I: Wie reagierte Deine soziale Umwelt auf diese Umstellungen?

Sascha: Als ich Vegetarier wurde, war ich zuerst ein Exot, das legte sich dann aber wieder. Und als ich Veganer wurde war ich wieder ein Exot. Insgesamt wird meine vegane Lebensweise aber akzeptiert, obwohl es den Leuten manchmal schwer fällt, es zu verstehen.

I: Hast Du als Veganer Schwierigkeiten im Alltag?

Sascha: Zu Hause bereitet mir die vegane Lebensweise keine Schwierigkeiten. Nur wenn ich anderswo bin, ist das vegane Angebot manchmal etwas eingeschränkt, zum Beispiel wenn ich Essen gehe oder ich auf Feiern, Geburtstagen eingeladen bin. Durch Wandel meines Freundeskreises sind inzwischen ungefähr ein Viertel meiner Freunde Vegetarier oder Veganer, dies macht es natürlich auch erheblich einfacher. Der Einkauf von veganen Produkten ist recht einfach, da ich in einer Großstadt lebe und es hier genug Naturkostläden und Reformhäuser gibt. Inzwischen gibt es gute und preiswerte vegane Produkte auch in Bio in vielen Kaufhausketten.

I: Gibt es etwas, was Deine Situation verbessern könnte?

Sascha: Es würde mich freuen, wenn noch mehr vegane Produkte in Kaufhäusern angeboten werden würde und Gaststätten mehr Veganes anbieten würden.

I: Sascha, ich bedanke mich für das Gespräch.

III Narrative Berichte

22. Frisch vegan
(Tanni, 35, Kynopädagogin)

Ich wurde innerhalb einer Woche zur Vegetarierin und dann zur Veganerin. Als Kind mochte ich schon kein Fleisch, was für meine Familie auch kein Problem war. Für mich wurde fleischlos gekocht. Wurst und Käse aß ich jedoch. Erst sehr viel später aß ich dann meine erste Pizza und auch mein erstes Gyros probierte ich erst mit 11 Jahren. Dann war es plötzlich lecker und normal, Fleisch zu essen. Ich habe mir aber niemals Gedanken gemacht und über das Tierleid nachgedacht. Ich mochte vorher kein Fleisch und plötzlich dann doch. So war das eben. Tiere habe ich schon als Kind und Jugendlicher sehr geliebt. Nicht nur Hunde und Wellensittiche sondern auch Kühe und Kälbchen, wilde Tiere, Pferde. Ich liebte ihr Fell, ihre Treue, ihre unkomplizierte Art und Weise und die Tatsache, dass sie zwischen uns Menschen keinen Unterschied machen. Tieren ist es egal, ob man dick oder dünn ist, arm oder reich, gesund oder behindert. Sie schenken einem sich selbst und zwar bedingungslos und auch noch dann, wenn Menschen sie nicht artgerecht halten, sie schlagen und aussetzen. Sie kehren sogar zur schlagenden Hand zurück. Es wurde immer unerträglicher für mich, mit ansehen zu müssen, wie Tiere geschlagen und gequält werden. Anfänglich bezog sich das nur auf Haustiere. Ich wurde Tierschützerin, arbeitete im Tierheim und sorgte für Aufklärung, was gewaltfreie Erziehung anging. Mit 23 Jahren zog dann mein erster Tierheimnotfall bei mir ein. Dann begann das große Umdenken. Ich fing an, mir Gedanken über die vielen anderen Tiere zu machen, die kilometerweit in Schlachttiertransporten durch die Welt gekarrt werden. Ich begann, Videos und Medienbeiträge anzuschauen und war entsetzt: Eingepferchte Hühner, ausblutende, noch lebende Rinder, kastrierte Ferkel, geschächtete Lämmer, Nerze, die bei lebendigem Leib gehäutet wurden und noch so viel mehr Leid und Qual. Ich wollte vegetarisch leben, hatte aber anscheinend noch immer nicht die nötigen Impulse, es in die Tat umzusetzen. Heute weiß ich nicht mehr, woran es lag, dass ich es nicht sofort tat. Vor ein paar Wochen dann schob mir mein Körper einen Riegel vor. Ständig diese Videos, immer wieder der Ekel, immer wieder das Mitleid. Ich wollte nicht mehr, aß aber weiter. Da zog mein Körper dann die Notbremse. Immer wenn ich Fleisch auf dem Teller liegen hatte, wurde mir schlecht, kam der Ekel und die Erinnerungen an die schlimmen Bilder und Videos. Ich konnte kein Fleisch mehr essen. Es ging nicht mehr. Ich würgte und erbrach mich. Sogar bei Wurst schüttelte ich mich und verstand, dass da etwas vorgeht, was ich mir im Grunde schon lange sehnlichst gewünscht hatte. Endlich war ich bereit dazu. Ich wurde von einem Tag zum anderen Vegetarierin.

Mein Mann und meine pflegebedürftige Mutter leben mit mir in einem Haushalt und ich habe mich sofort geoutet und gesagt, dass ich ab sofort vegetarisch leben würde. Ich habe auch gesagt, dass ich keine Diskussionen wünsche und auch keine Bekehrungsversuche und dass ich auf Unterjubelungen böse reagieren würde. Meine schweren Geschütze waren gar nicht nötig. Meine Erklärungen über Fleischkonsum, Haltungsbedingungen und Tötungen haben bewirkt, dass beide sofort erklärten mit mir vegetarisch zu leben. Ich war absolut überrascht und erstaunt und natürlich erleichtert. Sofort wurde ich aktiv, informierte mich im Internet, registrierte mich in Foren und kaufte vegetarisch ein. In einem Forum traf ich dann zum ersten Mal Veganer. Ich wurde darauf aufmerksam gemacht, dass für Milchprodukte genauso Tiere gequält werden, wie für den Fleischkonsum, dass nicht nur in Lebensmitteln tierische Produkte sind und selbst für mein Haarshampoo oder für mein Putzmittel Tiere leiden und sterben müssen. Ich war entsetzt und geschockt. Ich begann, mich nächtelang über den Veganismus zu informieren und fand Videos über Milchkühe und Kälbchen, die mich vor Traurigkeit zu Tränen rührten. Das wollte ich nicht – auf keinen Fall. Ich wollte einem Tier mit gutem Gewissen in die Augen schauen können. Und das konnte ich als Vegetarierin einfach nicht. Also wurde ich schon fünf Tage später vegan. Und zwar strikt.

Auch das wurde von meiner Familie genauso positiv aufgenommen. Bis auf ein paar Produkte leben meine Mutter und mein Mann fast vegan, während ich strikt vegan lebe. Veganismus ist für mich zu einem Lebensinhalt geworden. Ich verspüre wieder Freude beim Kochen und Backen, fühle mich gesund und gut, habe gute Laune und bin viel ausgeglichener. Meine Freunde haben ähnlich reagiert wie meine Familie. Mein Schwager und meine Schwägerin sind auch Vegetarier und so langsam erweitert sich auch endlich der Kreis der vegan Lebenden um mich herum. Dann gibt es noch eine mehr als positive Begleiterscheinung, die sich unmittelbar nach meinem vegan werden entwickelt hat. Ich war schon als Kleinkind pummelig und wurde im Laufe der Jahre immer dicker. Die Folgeerkrankungen aufgrund meines Körpergewichts ließen nicht lange auf sich warten. Insulinpflichtige Diabetes, Herzerkrankungen, Polyarthrose, um nur die schwerwiegendsten zu nennen. Aber ich ernährte mich stets kalorienbewusst und fettarm, was meine Laborwerte allen Ärzten bestätigten, die sich mein Übergewicht nicht erklären konnten. Als ich Veganerin wurde, nahm ich plötzlich ab. Sofort, von einem Tag auf den anderen, purzelten die Pfunde. Es war unglaublich und ich suchte natürlich sofort meinen Diabetologen auf. In einem langen Analysegespräch kam dann heraus, dass ich zu den Menschen gehöre, die von Geburt an keine tierischen Fette verdauen können und ganz besonders keine Milchprodukte, die ich von Kindesbeinen an konsumiert hatte. Nur wenige Menschen, so mein Arzt, haben diese Stoffwechselerkrankung, bei dem tierische Stoffe nicht aufgespalten und verarbeitet werden können und sich so festsetzen beziehungsweise in Form von Körperfett ansetzen. Seitdem unterstützen mich sowohl mein Diabetologe als auch mein Internist bei meiner Lebensweise. Sie sind beide absolut für den Veganimus.

Ich lebe jetzt seit einigen Wochen strikt vegan und kann schon jetzt weniger Insulin spritzen, bekomme besser Luft und nehme eine niedrigere Dosis der Herzmedikamente und des Asthmamittels. Ich bin überglücklich über diese positiven Begleiterscheinungen des Veganismus. Ich glaube, dass mir die Tiere auf diese Weise ihre Dankbarkeit zeigen; dafür, dass ich jetzt so an sie denke. Der Veganismus beglückt mich jeden Tag aufs Neue. Und all denen, die vielleicht Angst haben, das finanziell nicht umsetzen zu können, sei gesagt, dass es nicht viel teurer ist. Das Fleisch, die Wurst, der Käse, die Milch und die ganzen anderen Lebensmittel kauft man ja nicht mehr. Man ersetzt sie entweder oder isst mehr Obst, Gemüse und Getreide. Vieles macht man selber, was von der Herstellung her auch viel preiswerter ist. Also keine Angst vor der Umstellung, es lässt sich gut finanzieren. Wir sind das beste Beispiel dafür: Meine Hundeschule habe ich aufgegeben, um meine Mutter pflegen zu können und auch aus gesundheitlichen Gründen. Solange meine Mutter lebt, werde ich sie zuhause pflegen. Mein Mann ist auch krank und steht mit 41 kurz vor der Berentung, wenn kein Wunder geschieht. Finanziell können wir also nicht auf großem Fuß leben und sind doch unsagbar glücklich, zufrieden und dankbar.

Auch Restaurantbesuche spreche ich jetzt gerne an. Ich nehme mir meine vegane Salatsauce einfach mit und bestelle mir einen Salat ohne Dressing. Das ist überhaupt kein Problem. Selbst unterwegs lasse ich mir ein Vollkornbrötchen ohne Margarine mit Gurken und Tomaten belegen und streiche mit meinem Messer meine vegane Kräuterbutter darauf. Ich habe immer und überall die Möglichkeit, auch außerhalb vegan zu essen. Und wenn ich eingeladen werde, bringe ich einen veganen Salat oder veganes Tzaziki mit und mein selbst gemachtes veganes Zwiebelbrot. Hinterher ist das Staunen groß, wenn die Gäste alles leer gefuttert haben und erfahren, dass es vegan war, wo doch alle dachten, Veganer ernähren sich nur von Grünzeug. Es ist nicht schwer, solange man dazu steht. Ich musste 35 Jahre alt werden, um das erfahren zu können.

23. Kaum Schwierigkeiten (Achim, 43, Informatiker)

Nach langen Jahren als Vegetarier wurde mir in mühsamer Selbstaufklärung – damals gab es noch keine Texte wie "Vegetarier sind Mörder", "Wer nicht vegan lebt, tötet Rinder und Hühner" oder "Kuhdrüsensekret und Hennenmenstruationsprodukte" von Maqi,[32] sondern nur das auch heute noch allgemein übliche Wischiwaschi – klar, dass Vegetarier durch ihren Konsum Vögel, Rinder und so weiter ermorden. Die Lügen von den "sowieso Eier legenden" Hühnern und den lila Kühen auf der Alm platzten wie angeblich Kühe (nicht aber Giraffen, Bären, Wombats, Menschen, Ratten oder Kaninchen) wenn sie nicht gemolken werden. Die einzig ethisch vertretbare Lebensweise, so wurde mir bewusst, ist der Veganismus.

Schwierigkeiten als Veganer habe ich eigentlich nicht. Gut, unser Sohn wird jetzt ein Jahr alt, und es war zum Beispiel nicht ganz einfach, vegane Krabbelschuhe zu bekommen – offenbar hat sich bislang kaum jemand wirklich darum gekümmert – aber schließlich ist es uns gelungen, in Australien welche zu finden.

Abgesehen von solchen Nischenprodukten gibt es mittlerweile im Alltag kaum Schwierigkeiten. Vor Jahren war das noch anders! Gerade was die medizinischen Aspekte angeht – viele Propagandaorganisationen wie die DGE,[33] in deren Gremien Vertreter der Fleisch- und Milchindustrie sitzen, und so genannte Ernährungswissenschaftler (Wissenschaft ist etwas anderes als das, was viele von ihnen betreiben) versuchen ja immer noch, nachdem vor Jahren Vegetarier ungesund lebten, dann nur noch Veganer, weil mittlerweile jeder mehrere gesunde Vegetarier kannte, und jetzt, wo viele Menschen gesunde Veganer kennen, eingeschränkt auf Schwangere und Säuglinge, die Ernährungsaspekte ethisch verantwortlichen Lebens zu diskreditieren – haben wir durchweg positive Erfahrungen gemacht, was die Einstellung der Ärzte während der Schwangerschaft ebenso wie nach der Geburt angeht.

[32] Maqi: Tierrechtsinitiative, die sich für Tierrechte und gegen Speziesismus einsetzt

[33] DGE: Deutsche Gesellschaft für Ernährung e.V.

Probleme gibt es eher mit der bzw. durch die Aufklärungsarbeit. Wer sagt, was Sache ist, wer nicht mit Ausbeutern kuschelt, wer nicht etwa Vegetarier dafür lobt, dass sie noch mehr Tiere umbringen könnten als sie es durch Drüsensekret- und "Hühnermenstruationsproduktkonsum" tun, sondern sie, womöglich noch in euphemismen-freier Sprache, mit der Realität konfrontiert, wer szenetypische, kontraproduktive Strategien (etwa Ressourcenkonzentration auf Randaspekte) kritisiert und so weiter, wird massiv angefeindet.

Dabei finden sich immer wieder die gleichen Verhaltensmuster. So wird etwa das "Sein" zum "Soll" erhoben – die Tatsache, dass die meisten Veganer früher Vegetarier waren, liegt schlicht daran, dass kaum jemand Veganismus, also ethisches Verhalten fordert sondern allenthalben Vegetarismus propagiert wird. Das wird dahingehend umgemünzt, "zuerst" Vegetarismus (also Mord) anzupreisen, um das Handeln von Vegetariern zu rechtfertigen. Sie seien, so die Standardfloskel, "auf dem Weg". Ein Weg, der über Leichen führt und meist ohnehin nur ein "auf der Stelle Treten" ist. Wer weiß, was er als Vegetarier anrichtet kann nicht unvegan bleiben, ohne wissentlich zu morden. Und wer, außer vielleicht kleinen Kindern, die von ihren Eltern belogen werden, kann heutzutage noch ernsthaft behaupten, nie von zum Beispiel Kükenvergasung, Qualzüchtung oder Schlachtung von Hennen oder Kühen, deren Leistung nachlässt, gehört zu haben, spätestens, nachdem er über die Hintergründe aufgeklärt wurde.

All die Informationen zur praktischen Umsetzung des Veganismus, etwa das Tierrechtskochbuch, die FAQ[34] von www.veganismus.de, das antiSpe-Produktanfrageforum und so weiter, nützen natürlich erst dann etwas, wenn jemand vegan werden will, denn nur am Willen, nicht am Können scheitert es. Vegan werden kann jeder, sofort.

Sehr beliebt ist auch die Ausrede, wir müssten viele sein, Quantität gehe vor Qualität, mit der das "Wir" dann beliebig ausgedehnt wird, so dass dann auch mit Leichenfressern gegen irgendwelche Kaufhäuser demonstriert wird, nur weil diese neben Kleidung, für die Vögel, Rinder, Schweine, Schafe, Schmetterlingsraupen und so weiter ermordet werden (wie Daunen, Leder, Wolle, Seide) zufällig auch behaarte Haut einiger anderer Spezies (wie etwa Pelz) verdealen.

---

[34] FAQ: Frequently Asked Questions; häufig gestellte Fragen

Das sind die Schwierigkeiten, mit denen Veganer sich herumschlagen müssen, und auch nur, wenn sie sich hinreichend, also für Veganismus, für Tierrechte, gegen Speziesismus, engagieren.

Die Situation der Veganer könnte durch die Etablierung einer veganen Gesellschaft verbessert werden. Abgesehen davon, dass damit lästige Recherchen, ob etwa neue Produkte, die zu konsumieren wünschenswert erscheinen, vegan sind, wegfielen, müsste nicht so ungeheuer viel Zeit für Tierrechtsarbeit aufgewandt werden.

Aber es geht ja in erster Linie nicht um meine Situation oder die anderer Veganer, sondern um die der von Nichtveganern für ihren Konsum gefangen gehaltenen, misshandelten und ermordeten anderen Tiere. Das wird allzu gern vergessen.

24. Erstrebenswertes Ideal (Chris, 33, Handwerker)

Ich bin auf einem Bauernhof aufgewachsen und habe schon als Kind das Schlachten von Schweinen und Kälbern miterlebt. Durch diese Erlebnisse bekommt man einen ganz anderen Bezug zum Fleischkonsum als der Durchschnittsbürger, der sich oft gar nicht bewusst ist, woher das Fleisch auf seinem Teller kommt. Deswegen ist in mir schon in der Kindheit der Wunsch aufgekommen, kein Fleisch mehr zu essen.

Natürlich haben mir meine Eltern Angst gemacht, dass ich krank würde, wenn ich kein Fleisch mehr esse. Ende 1991 habe ich mich aber schließlich entschlossen, Vegetarier zu werden. Auslöser war eine Dokumentation über Urwaldbewohner im Fernsehen, die auf der Jagd nach Affen waren. Ein kleines Kind hat mit einem toten Affen gespielt, an dessen Körper sich noch der lebende Affen-Säugling klammerte.

Zu dieser Zeit hörte ich auch zum ersten Mal von Veganern. Damals hielt ich aber Veganismus für übertrieben und Veganer für Spinner. Das ging mir dann doch definitiv zu weit und ich erkannte damals noch nicht die Notwendigkeit des Verzichts auf alle tierischen Produkte.

Vier Jahre lebte ich dann als Vegetarier und versuchte immer wieder, andere Menschen davon zu überzeugen, dass sie kein Fleisch mehr essen sollten. Leider hatte ich damals wie heute keinen Erfolg zu verzeichnen, außer, dass ich einige Freunde dazu brachte, wenigstens ab und zu vegetarisch zu essen.

Nach den vier Jahren Vegetarismus habe ich dann wieder angefangen, Fleisch zu essen. Einen genauen Grund dafür kann ich gar nicht nennen. Es lag wohl einerseits daran, dass ich mit meinen Überzeugungsversuchen zum Thema Vegetarismus keinen Erfolg hatte, was mich an meinen Ansichten zweifeln ließ – ich hatte bis dahin auch keinen einzigen Vegetarier geschweige denn Veganer kennengelernt – und dass ich zu diesem Zeitpunkt mit dem Konsum von synthetischen Drogen anfing. Drogen und Partys bestimmten von nun an einen Großteil meines Lebens.

Die Vernunft hat mich schließlich aus diesem Teufelskreis befreit. Und nachdem ich den Drogenkonsum aufgegeben hatte, kam das Bewusstsein für die reale Welt um mich herum wieder zurück, und ich wurde wieder Vegetarier. Seit dem Sommer 2003 lebte ich vegan, Den Auslöser war für mich das Buch "Eternal Treblinka"[35] von Charles Patterson.

Ich sage es nicht gern, aber ich hatte schon nach einem halben bis dreiviertel Jahr Veganismus körperliche und geistige Defizite. Ich wollte es selbst nicht wahrhaben und habe regelmäßig Nahrungsergänzungsmittel eingenommen. Eine Blutuntersuchung ergab, dass die für eine vegane Ernährung kritischen Substanzen (B12, Eisen, Jod usw.) im Normbereich lagen.

Nach drei Jahren habe ich aufgegeben, mich vegan zu ernähren und seit einigen Monaten ernähre ich mich bis zum jetzigen Zeitpunkt wieder vegetarisch. Die vegane Lebensweise in Bezug auf Kleidung und Kosmetik behalte ich natürlich bei. Ich sehe den Veganismus als erstrebenswertes Ideal an und werde in Zukunft versuchen, dieses Ideal wieder zu erreichen – dann aber auf jeden Fall mit Unterstützung eines veganen Arztes oder Trophologen.[36]

---

[35] Patterson (2002): Eternal Treblinka

[36] Throphologe: Ernährungswissenschaftler

25. Tierschutz (Clara, 36, Pressetexterin)

Beinahe wäre ich schon mit sechs Jahren Vegetarierin geworden, als meine Eltern mir erklärten, dass die Wurst, die ich damals so gerne aß, aus Tieren gemacht wird. Da ich schon damals sehr tierlieb war, schien mir das nicht richtig. Andererseits aßen meine Eltern und mein großer Bruder auch Wurst und Fleisch und ich war daran gewöhnt, dass alles richtig war, was sie taten. Ein paar Tage lang lebte ich im Konflikt und aß nur Käse. Dann dachte ich, was meine Familie tut, kann nicht falsch sein und machte weiter wie bisher. Schade – wenn mich damals ein Erwachsener unterstützt hätte, wäre ich sofort Vegetarierin geworden!

Mit 18 wollte ich dann einfach mal ausprobieren, ob ich es zwei Wochen lang ohne Fleisch aushalte. Dies klappte problemlos, so dass ich beschloss, beim Vegetarismus zu bleiben, da ich Tiere immer noch sehr gern hatte. Ich habe das Leben als Vegetarierin auch nie als Verzicht empfunden. Zu Beginn meines Studiums, 1992, hatte ich gesundheitliche Probleme, unter anderem Müdigkeit und starke Kopfschmerzen. Der Arzt sagte, es läge an meiner vegetarischen Ernährung und ich müsse wieder Fleisch essen. Gleichzeitig sollte ich keine Milchprodukte mehr zu mir nehmen, da ich dadurch einen völlig überhöhten Calciumspiegel hätte, der für die Kopfschmerzen verantwortlich sein könne. Leider hatte ich damals keine vegetarisch lebenden Bekannten oder Freunde, mit denen ich mich hätte beraten können, und das Internet gab es auch noch nicht. Also tat ich wie geheißen und aß einige Jahre wieder Fleisch. Es ging mir gesundheitlich tatsächlich besser. 1996 beschloss ich, wieder vegetarisch zu leben. Ich achtete mehr auf eine ausgewogene Ernährung und hatte nie wieder gesundheitliche Probleme. Im Gegenteil, ich hatte sogar das Gefühl, seltener Beschwerden zu haben als die meisten meiner Mitmenschen. Heute würde ich mir von keinem Arzt der Welt mehr einreden lassen, dass ich Fleisch essen muss, um gesund zu werden.

1997 wurde ich Mitglied eines vegetarischen Freundeskreises in Augsburg. Hier lernte ich die ersten Veganer kennen. Anfangs habe ich mich auch gefragt, was die noch essen, denn damals bereitete ich fast alle Gemüsegerichte mit Käse oder Eiern zu. Dennoch wurde mir durch die Diskussionen mit den Veganern klar, dass nur eine vegane Lebensweise wirklich tierfreundlich ist, da ich als Vegetarierin durch den hohen Konsum an Milchprodukten die Massentierhaltung fördert. Also stellte ich meine Ernährung auf vegan um, ersetzte Milch durch Sojamilch und kaufte vegetarische Brotaufstriche.

Seit 10 Jahren lebe ich nun weitgehend vegan. Weitgehend sage ich deshalb, weil ich ab und zu Ausnahmen mache, wenn ich zum Beispiel bei meiner Familie zum Essen bin oder im Restaurant. Dann esse ich schon mal vegetarisch statt vegan. Fleisch, Fisch und Gelatine lehne ich aber immer strikt ab.

Anfangs war ich superkonsequent und habe meine Sojamilch überall hin mitgenommen, irgendwann hatte ich aber das Bedürfnis, mir das Leben etwas leichter zu machen. Ich kaufe auch Lederschuhe, wenn ich keine anderen finde. Leider lässt das Angebot an modischen und bequemen, lederfreien Damenschuhen in meinen Augen noch sehr zu wünschen übrig. Bei Uhrenarmbädern, Gürteln, Taschen und Kosmetika bin ich aber konsequent. Natürlich wäre es mir anders lieber, aber für den Augenblick kann ich mich so arrangieren. Tierschutz und das Engagement zusammen mit Gleichgesinnten spielen eine große Rolle in meinem Leben.

Dass ich irgendwann wieder Fleisch esse, kann ich mir im Augenblick nicht vorstellen. Keine Eier- und Milchprodukte zu essen, empfinde ich übrigens tatsächlich als Verzicht, während ich Fleisch nie vermisst habe. Zum Glück gibt es heute sehr gute Ersatzprodukte für fast alles und laufend kommen neue Produkte hinzu. Mein Traum wäre es, dass man überall im Café, Restaurant oder beim Einkaufen ganz selbstverständlich eine vegane Option angeboten bekommt. Ich hoffe, dass es eines Tages hier in Deutschland so sein wird.

26. Restaurants (Dieter, 48, Bildungsreferent)

Ich lebe vegan, weil ich auf diese Weise einen sehr weitgehenden Schutz der Tiere und vorher ungekannte kulinarische Genüsse vereinbaren kann. Was will man mehr? Außerdem ist es die klimaschonenste Art der Ernährung.

Begonnen, vegan zu leben, habe ich durch ein Gespräch mit einer bereits vegan lebenden Freundin, das sehr eindringlich war und mich sehr überzeugt hat. Meine damalige Umgebung, die überwiegend vegetarisch lebte, reagierte darauf weitgehend positiv, da ich vorher schon sehr lange vegetarisch gelebt hatte und es kein so großer Schritt mehr war.

Vor meinem "veganen Leben" habe ich etwa 25 Jahre vegetarisch gelebt und lebe nun seit etwa drei Jahren vegan. Gesundheitlich hat mir der Schritt zur vegetarischen und später veganen Ernährung übrigens auch sehr geholfen. Eine langjährige Hauterkrankung hat sich deutlich gebessert und ist mittlerweile sogar fast verschwunden.

Schwierigkeiten gibt es beim Einkauf praktisch keine mehr, nur im Restaurant muss ich ab und zu – das wird aber auch weniger – noch kurz erklären, worauf man bei einer veganen Zubereitung des Essens achten muss. Hier wünsche ich mir für die Zukunft eine Kennzeichnung vegetarischer und veganer Gerichte in allen Restaurants.

27. Traurigkeit (ElisaJane, 35, Bürokauffrau)

Schon immer habe ich mit dem Thema Vegetarismus sympathisiert, hatte jedoch in all den Jahren, also bis zum 29. Lebensjahr, keinen einzigen Vegetarier im Bekanntenkreis. Veganer waren für mich die, die zermatschtes Zeugs vom Boden essen und unter dem Begriff Rohkost konnte ich mir erstmal gar nichts vorstellen.

Durch meinen Lebensgefährten, der damals schon lange vegetarisch lebte, wurde ich mit meinem Umzug nach München zum Vegetarier, wobei anfangs noch Fisch auf dem Speiseplan stand – bis wir uns eines Tages unsere Doppelmoral vor Augen führten und Fisch von da an auch tabu war. Allerdings habe ich damals nie auf tierische Zutaten wie Gelatine oder Lab im Käse geachtet, was ja nicht vegetarisch ist.

Irgendwann hörte ich davon, dass man Hunde vegetarisch ernähren kann. Ich bin was diese Dinge angeht sehr offen und war sofort neugierig. Ohne umfangreiche Recherche hätte ich dies nie in Angriff genommen. Das war an einem Karfreitag im Jahr 2003 und mein Freund war beim Rollenspiel. Ich hatte also Stunden Zeit, mich zu informieren. Über die vegetarische Hundeernährung bin ich auf einschlägigen Seiten von PeTA, den Tierbefreiern, www.soylent-network.com[37] und so weiter gelandet und war nahezu paralysiert von all dem Grauen, das sich mir offenbarte. Kühe geben gar nicht automatisch Milch? Kälbchen sind ein Abfallprodukt der Milchwirtschaft? Dauerschwangerschaft? Küken, die zerschreddert werden? Dann folgten noch Seiten mit nur allzu deutlichen Bildern und Videos aus Versuchslaboratorien. Den Rest gaben mir dann ein Video, das von PeTA-Leuten undercover auf einer amerikanischen Schweinefarm aufgenommen wurde und ein weiteres Video aus dem Horrorlabor HLS.[38]

Das Video der Schweinefarm handelte von Tritten und Schlägen, sexuellen Übergriffen auf ein völlig entkräftetes Schwein, das vor lauter Mast kaum mehr

[37] soylent-network.com: ein Dokumentations- und Informationsportal zu Tierrechten, Veganismus, Vegetarismus und Ethik
[38] HLS (Huntingdon Life Sciences): ein Tierversuchslabor

laufen konnte und durch einen Gang ins Freie geprügelt wurde. Noch während es lebte, wurden ihm die Beine abgesägt. Dass ich danach noch das Video aus HLS sehen konnte, bei dem ein Affe ohne Narkose seziert wurde, ist mir heute noch ein Rätsel, weil ich nahezu ohne Unterlass fast zwei Tage lang nur weinen konnte.

Ich glaube, in der damaligen Nacht habe ich den Glauben an einen Gott endgültig verloren und für mich ausgemacht, lieber gar keine Freundschaften zu haben, als meine Zeit mit Menschen zu teilen, die nicht die geringsten Skrupel haben, dies alles mit ihrem Konsum zu unterstützen – also insbesondere Omnivoren.

Mein Freund wurde damals mit mir über Nacht zum Veganer, wobei der erste Monat etwas anstrengend war. Überall sind Milch- oder Eireste enthalten. Der ganze Müll aus der Milchindustrie wird anscheinend an diverse Firmen verscheuert, die diese Abfälle in ihre Produkte mischen. Ich weiß bis heute nicht, was zum Beispiel Molkepulver in Backerbsen zu suchen hat.

Die Horrorbilder von damals waren auch einer der Gründe, weshalb ich ein eigenes "Horror-Archiv" auf unserer Homepage haben wollte, um den Leuten die Tatsachen entgegen schleudern zu können. Wörter kann man überlesen, Sätze vergessen oder aus dem Zusammenhang reißen, doch ein Bild brennt sich ein.

Dieses Horror-Archiv wird recht gut besucht, doch leider picken sich die Leute auch da nur die gesellschaftlich akzeptierten Betroffenheitsmomente heraus. Tierversuche – wie schrecklich. Aber wehe, man macht sie auf die noch schlimmeren Massaker in der Tierhaltung generell aufmerksam. Dann ist man wieder einmal militant, radikal, intolerant oder extrem.

Für uns hatte die Entscheidung vom Vegetarismus zum Veganismus auch eine Umstrukturierung unseres Konsums zur Folge. Keine Produkte mehr von einschlägigen Firmen, die in Tierversuche verwickelt sind (Procter & Gamble, Henkel/Schwarzkopf, L`Oreal und andere bekannte Pharmafirmen).

Ein netter Nebeneffekt der pflanzlichen Ernährung war für uns natürlich die Tatsache, dass wir seitdem nie mehr krank waren, von leichten Erkältungen mal abgesehen, die nach wenigen Tagen abklingen. Weniger Hautirritationen durch die Verwendung von Naturkosmetik und Haushaltsreinigern auf Naturbasis. Keinen Ärger mehr mit Wollpullis, weil ich keine Wolle mehr kaufe.

Sogar lederfreie Schuhe sind für mich kein Problem – als Frau findet man vermutlich leichter etwas, während sich mein Freund seine Schuhe mittlerweile beim veganshop (Vegetarian Shoes etc.) bestellt. Doch selbst er ist in normalen Schuhgeschäften bereits fündig geworden. Das bisschen mehr Zeit, das man für die Suche investieren muss, ist nun wirklich überschaubar.

Wie fühlen wir uns? Nun, ich würde gerne sagen: besser, viel besser. Von der Ernährung her stimmt das auch absolut, vor allem, weil wir auf nichts verzichten müssen. Sojajoghurt, pflanzliche Milch, Margarine statt Butter, Hefeflocken oder Soja-Gouda statt Milchkäse und auch vegane Sprühsahne. Ich bin immer sehr irritiert, wenn mir Leute entgegenschleudern: "Wie, vegan? Was soll man denn dann noch essen?" Ich habe vorher bei Weitem nicht so abwechslungsreich gegessen.

Die Lust auf Obst und noch mehr auf rohes Gemüse ist wieder da. Kohlrabi habe ich vorher nie gegessen, schon gar nicht roh – heute liebe ich meine Kohlrabi-Würfel oder harte Birnen, Tomatensalat in der Mittagspause statt unappetitlicher Brotstullen, die fremde Leute mit Wurstmessern bestrichen haben. Riesige Mischsalate in allen möglichen Variationen, Chili sin carne,[39] Kürbissuppe, und so weiter. Wir essen sehr viel und sehr gerne roh, möchten aber doch nicht auf warme Suppen oder Nudelgerichte verzichten. Nichtsdestotrotz bewundere ich und freue mich mit Rohköstlern über deren Lust am Essen. Seit Monaten praktiziere ich bereits ein Rohkost-Frühstück, oft ist auch mein Mittagessen rohköstlich. Ich fühle mich sehr gut, die Haut ist reiner und alleine die Freude über diesen echten, unverfälschten Geschmack kann ich nur Jedem empfehlen! Abgesehen davon ist die vegane Ernährung alles Mögliche, aber nicht einseitig oder gar ungesund!

Überall hört man nur von Verlustängsten wie "Aber ich esse doch so gerne Käse" oder "Nein, das wäre mir zu einseitig" und so weiter, während überall auf der Welt Menschen verhungern. Man wird belächelt, wenn man erklärt, dass man aus Mitleid keine tierischen Produkte verzehrt. Es sind ja nur Tiere...

---

[39] sin (lateinisch): ohne

Ist es nicht eher so, dass es reiner Zufall ist, wenn wir nicht als Schwein, Wurm, Vogel, Versuchsratte, et cetera geboren wurden, sondern in menschlicher Form? Was machen wir daraus? Wie gehen wir mit unseren nichtmenschlichen Geschwistern um? Denn nichts anderes sind sie. Schon O.W. Fischer[40] sagte: "Warum ich nicht meine Brüder esse – einfach aus Familiensinn, das ist alles. Irgendwo muss Scham beginnen."

Wie wir uns fühlen? Eine große Traurigkeit überschattet dieses Leben. Der Gang in den Supermarkt ist nur mit starr geradeaus gerichtetem Blick zu ertragen, wenn es an der Theke mit den Leichenteilen vorbei geht. Im Winter ins Theater zu gehen, wagen wir uns nicht – wegen all den Pelzträgerinnen, die einem die Fassung rauben mit ihrer Vulgarität.

Rettet man eine Raupe vom Weg, wird man verspottet. Ist nicht jedes Leben kostbar?

---

[40] O.W. Fischer (1915-2004) war Privatgelehrter

28. Ethik-Doping
(Jörg, 67, Arzt und Künstler)

Es war der 4. August 1998, als mir in einer Berliner Bibliothek erstmals das Wort "vegan" begegnete, und zwar auf dem Umschlag eines gleichnamigen Buches von Kath Clements aus dem Echo-Verlag. Ich lieh mir das Buch aus, las es noch am gleichen Abend zu Ende und bin seither Veganer.

Wenig später, als ich mich bei einem Abendessen mit Freunden erstmals als ethisch motivierter Pflanzenesser "outete", war ich ebenso überrascht wie enttäuscht darüber, dass meine neue Lebensphilosophie nicht nur niemanden begeisterte, sondern ganz im Gegenteil ein zähes Befremden hervorrief. Ich verstand nicht, warum es so schwer war, durchweg intelligenten Menschen zu vermitteln, dass der dem veganen Lebensstil zu Grunde liegende Respekt vor den Mitgeschöpfen und der Natur für uns alle nur Vorteile hätte im Widerstand gegen die global zunehmende Barbarisierung und Destruktivität – sofern denn nur genügend Menschen dabei mitzögen.

Ich bezeichne das als "vegane Logik". Darunter verstehe ich einige regelmäßig wiederkehrenden Hindernisse, die unter Anderen darin bestehen, dass Veganer von Nicht-Veganern offenbar vor allem dadurch als Zumutung empfunden werden, dass sie ihnen mit ihrer gelebten Ethik ein schlechtes Gewissen machen – und das auch noch auf dem Boden einer Lebensphilosophie, die einem geschichtslosen Raum zu entstammen scheint.

Ich glaube allerdings nicht, dass Veganer ihren Mitmenschen etwas zumuten wollen. Das wäre auch unvegan! Veganer gehören einfach nur zu denen, die in ihrer Lebenspraxis frühzeitig die Erkenntnis umgesetzt haben, dass wir alle uns etwas zumuten müssen, wenn wir nicht demnächst völlig unter die Räder kommen wollen, denn das Zumuten hat auch ohne die Veganer bereits begonnen. Die verschiedenen, im Zusammenhang mit der prophezeiten Klimakatastrophe angedrohten, das Alltagsleben einschränkenden Restriktionen zeigen das nur allzu deutlich.

Eine andere Erfahrung, die ich immer wieder mache, zeigte mir, dass die Gesprächspartner weniger skeptisch reagieren, wenn sie das Fremde, dem sie sich im Veganer gegenüber sehen, wenigstens in einen historischen Kontext stellen können. Um das für den Veganismus zu leisten, gilt es allerdings, zuvor einige meistens unbeachtete Bedeutungsfelder aufzuspüren, die sich hinter diesem Begriff verbergen.

Je gebildeter eine Person ist, umso überzeugender kann er oder sie zum Beispiel darauf verweisen, dass der Begriff eines so genannten Veganismus nirgends in der Kulturgeschichte vorkommt und damit die dahinter stehende Lebensphilosophie diskursiv ganz leicht in einen in scheinbar geschichtslosen Raum verbannen – als vorgeblich flüchtiges Phänomen aus den Sphären verbissener Weltverbesserer, vegetabiler Punks, hippem Lifestile à la River Phoenix,[41] esoterischer Schöngeisterei oder postmoderner Avantgarde.

Wenn man aber erkennt, dass sich hinter dem Wort vegan immer auch so etwas wie Askese verbirgt, sieht man sich im Handumdrehen in einen kulturgeschichtlichen Raum versetzt, der bis in die frühesten Hochkulturen und Religionen zurück reicht; in einen geistigen Raum, in dem der Asket schon immer für ein höchst entwickeltes Bewusstsein stand.

Vielleicht gelangt man am Ende seiner Suche dann zu den Jain, deren Schriften bis in das 6. Jahrhundert vor Christus zurückgehen und die eine Ethik entwickelten, die als gelebte Ethik eine asketische Haltung voraussetzt, die in ihrer reinsten, das heißt konsequentesten Form natürlich niemals Gebot sein konnte, sondern einzig der Erinnerung an ein Ideal diente, dem es sich in einem täglichen Bemühen anzunähern galt.

Andere Wurzelstränge führen zu der ebenfalls in das 6. Jahrhundert zurückreichende kleinasiatischen Kultus-Gemeinde der Orphiker, deren Wiedergeburt ihre Mitglieder zu einem respektvollen Umgang mit allen Lebewesen veranlasste – allein deshalb, weil man nie wissen konnte, ob in diesen nicht die Seele eines Vorfahren wohnte. Orphisches Gedankengut findet sich auch bei Pythagoras und anderen Philosophen. Und schließlich führt die Gestalt des Orpheus uns sogar bis in das Christentum. Auf Seite 13 des Buches Mythos Orpheus von Wolfgang Storch steht dazu: "Orpheus umgeben von den Tieren und Pflanzen, dies Bild war zur römischen Kaiserzeit weit verbreitet – als Wandgemälde, als Mosaik. Es wurde übernommen in die christliche Kunst,

[41] River Phoenix (1970-1993) war ein amerikanischer Schauspieler, der vegan lebte

findet sich in den Kirchen. Zu Beginn Orpheus selbst, Christus ihm gegenüber als der wahre Orpheus."

Wer sich von einem Tag auf den anderen vom Allesvertilger zum Pflanzenesser wandelt, weiß, was Veganer sich zumuten. Ich war zum Zeitpunkt der Nahrungsumstellung 59 Jahre alt, alles andere als gesund und somit auch nicht unbedingt der beste Kandidat für Selbstversuche. Daraus ist mir ein Verständnis für Nicht-Veganer erwachsen, das mir sagt, dass wenn die veganen Übungen in alltäglicher Ethik nicht so anstrengend wären, wahrscheinlich viel mehr Leute gerne vegan leben würden. Als dekadenter Liebhaber eines morgendlichen Milchkaffees und Buttercroissants habe ich mit dem vegan motivierten Verzicht auf diese kulinarische Feinheit bereits frühmorgens die erste Trainingseinheit in Alltagsethik. Ich nenne das mein "Ethik-Doping". Es trägt der von mir gebildeten Hypothese Rechnung, dass Ethik nicht etwas ist, über das man automatisch verfügt, sondern etwas, das Tag für Tag aus der Erkenntnisebene in die Handlungsebene eingebracht werden sollte, um derart endlich eine wirklich lebendige Kultur zu ermöglichen. Vielleicht hat Joseph Beuys das gemeint, als er sagte "Jeder Mensch ist ein Künstler".

Ethik "denken können" ist die avantgardistischste Funktion des menschlichen Gehirns, Produkt seiner evolutionär jüngsten zellulären Formationen. Vielleicht sind wir an einem Punkt angelangt, an dem es darum geht, den Schaltkreis Ethik-Denken mit dem Handlungsschaltkreis zu verbinden, und vielleicht müssen wir uns "zumuten" einzusehen, dass dies nicht von selbst geht; so wie die Werke großer Künstler, Wissenschaftler und Philosophen auch nicht von selbst entstanden sind, sondern aus der Hingabe an einen höheren Sinn, der das Eigene mit dem Allgemeinen versöhnt.

Jüngst habe ich, erstmals nach achteinhalb Jahren, meinen Veganismus gebrochen und mehrmals hintereinander morgens ein Buttercroissant gegessen. Ich musste kurz mal "Maß halten im Maß halten" üben. Mittlerweile bin ich wieder vergnügter Pflanzenesser.

Während der 80-Jahre des vergangenen Jahrhunderts lebte ich weitgehend vom Recycling von Fahrradschrott. Da tauchte eines Tages in der Werkstatt, die ich mit meinem Freund Heinz hatte, ein etwa 55 Jahre alter ebenso wettergegerbter wie zahnloser Spanier auf, der, wie er erzählte, vor Jahren von den Jesuiten zu den Fahrrad-Freaks übergelaufen war und nun als fliegender Zweiradmechaniker durch die Welt tingelte. Eines Abends nach der Arbeit sagte Miguel ganz leise: "Jörg, das Bessere ist der Feind des Guten." Ich war damals allerdings noch Allesvertilger und kam somit nicht auf die Idee zu fragen, ob das auch für Veganer gelte.

Ich bin Agnostiker mit einer inneren Wahrnehmung, die sich wie ein Glaube an etwas anfühlt, das ich weder benennen kann noch benennen möchte und vor allem nicht missen kann. Der Veganismus macht dies immer aufs Neue lebendig. Namaste.[42]

---

[42] Namaste: bekannteste und am häufigsten gebrauchte hinduistische Grußform

29. Ein Fernsehbericht (Laura, 27 Jahre, Gesundheitswissenschaftlerin)

Bei mir fing alles mit einem Fernsehbericht an, der "Achtung lebende Tiere" hieß. Ich saß mit einem belegten Brötchen vor dem Fernseher und als ich bei den Tiertransporten die Tiere mit gebrochenen Beinen, ausgemergelten Körpern und unsagbarer Angst in den Augen sah und ihre angsterfüllten Schreie hörte, dann noch die Bilder aus dem Schlachthaus mit all dem Blut kamen, da machte es Klick und es ekelte mich, was ich da sah – und vor allem, was ich gerade tat. Das Brötchen mit Wurst, das ich nicht mehr essen konnte, war das letzte Fleisch meines Lebens und trug vielleicht gerade durch seine Anwesenheit dazu bei, dass ich innerhalb einer halben Stunde zur Vegetarierin wurde. Und das, obwohl ich mir nie auch nur einen einzigen Gedanken darüber gemacht hatte, ob Fleisch verwerflich sei und ich vorher nicht nur jahrelang Fleisch gegessen, sondern bei Verwandten auch beim Schlachten geholfen hatte. Es gehörte einfach dazu und war normal für uns, und da ich es von Kindesbeinen auf kannte, ekelte ich mich bis zu dem Zeitpunkt auch nicht davor. Ich fand es damals sogar lustig, dass sich Kinder aus meiner Klasse vor den Zähnen der Tiere geekelt haben, die ich mit in die Schule brachte, da sie ja Fleisch aßen und ihnen klar sein dürfte, dass Tiere dafür getötet wurden. Die fehlende Logik, das Eine normal zu finden und das Andere eklig, wunderte mich schon in der Grundschule, ethisch hinterfragt und auf mein Verhalten bezogen habe ich es bis zum Fernsehbeitrag jedoch nicht.

Bis dahin waren es liebe Tiere im Stall, die man gestreichelt, gefüttert, versorgt und gemocht hat. Dann kam die Tötung, bei der ich nie dabei war – somit eine Art Blackbox – und dann das "Verarbeiten" des Fleisches. Ich wurde mit 15 Jahren vegetarisch, weil ich das Töten selbst gesehen habe und es "Klick" machte. Damals habe ich mir vom Vegetarierbund Informationen schicken lassen, darunter auch ein paar Hefte aus dem Tierrechtsbereich wie die Zeitschrift "Voice" und die "Tierbefreiung". Ich erinnere mich an den Satz "Milch ist weißes Blut" aus einem dieser Hefte. Durch die Argumente im Heft wurde mir schnell klar, dass auch für Milchprodukte und Eier Tiere getötet werden. So habe ich versucht, Milch und Eier wegzulassen, es aber nur drei Monate durchgehalten, weil ich es relativ anstrengend fand. Damals war ich als Person nicht so stark, wie ich es heute bin und kannte weder andere Veganer noch das Produktangebot, Rezepte oder einfache Tipps, wie man bestimmte Zutaten austauschen kann. Das Angebot damals war nicht vergleichbar mit dem, was man heute alles kaufen kann: Sojamilch im Aldi und vegane Sprühsahne im Bioladen. Unglaublich. Ich habe dann wieder Milch und Ei gegessen, mir jedoch gesagt, dass ich irgendwann vegan werde, wenn ich stark genug bin – und auch felsenfest daran geglaubt. Nach außen habe ich das jedoch nicht kommuniziert und nur gesagt "Man muss es ja nicht übertreiben".

Ende 2001 war ich in einer Gruppe, die sich mit den Rechten von Mensch, Tier und Umwelt befasste. Die Meisten dort waren vegan, ein paar waren Vegetarier. Ich bin mit ihnen ins Gespräch gekommen und habe zum ersten Mal eine vegane Küche gesehen und nicht schlecht gestaunt, wie vielfältig die Nahrungsauswahl sein kann. Die Cornflakes habe ich noch bis heute bildlich in Erinnerung, weil das etwas ist, das man nicht spontan mit "vegan" in Verbindung bringt, es aber von den Grundzutaten (Getreide, Zucker, et cetera) natürlich vegan ist. Bis zu dem Zeitpunkt hatte ich die Vorstellung, dass die vegane Ernährung hauptsächlich aus Salat bestünde. Was für ein Unsinn. Aber das Vorurteil haben ja noch viele. Außerdem gab es bei unseren Treffen stets ein kleines veganes Buffet. So habe ich gemerkt, dass veganes Essen nicht nur lecker ist, sondern auch sehr viel Auswahl bietet und manchmal auch mehr als nur satt machen kann. Schokoladenkuchen gibt's halt auch weiterhin. Das war ein sehr wichtiger Schritt auf meinem Weg. Von der Zeit an habe ich mich stärker über das Thema informiert und bin auf www.vegan.de gestoßen, dem größten deutschsprachigen Forum zum Thema. Eine weitere Internetseite, die mit dem Spruch "Vegetarier sind Mörder" kokettiert, habe ich bewusst nicht aufgesucht. Ich war überzeugt, dies seien Fleischesser, die sich über Vegetarier lustig machen und das wollte ich mir nicht antun.

Auf vegan.de habe ich gelesen, was andere Veganer und Interessierte so fragten und schrieben. Irgendwann habe ich gemerkt, dass ich längst vegan denke, überzeugt bin und im Geiste pro-vegan argumentiere, aber noch nicht dementsprechend lebe. Es hat dementsprechend zum zweiten Mal "Klick" gemacht.

Ich habe mir an diesem Abend ganz bewusst Gedanken darüber gemacht, ob ich diesen Schritt gehen will, denn mir war klar, dass dies eine komplette Umstellung und diese auch für immer sein würde. Das war eine sehr intensive und tränenreiche Auseinandersetzung. Ich hatte das Gefühl, sowieso schon anders zu sein, fühlte mich dadurch belastet und hatte Angst, durch den Veganismus noch stärker in die Außenseiterrolle zu gelangen und noch weniger akzeptiert zu werden. Schließlich habe ich mich bewusst dafür entschieden, meinen Überzeugungen entsprechend zu leben, also vegan. Andernfalls wäre ich mir falsch vorgekommen – als würde ich mir selbst und der restlichen Welt etwas vormachen, meine Werte verleugnen und mich selbst verarscht. So wurde ich an diesem Abend vegan.

Mein Umfeld reagierte alles andere als begeistert. Es gab Hohn und überheblichen Spott und jede Menge Unverständnis. Sachlich hinterfragt wurde es fast nie. Schade eigentlich, wo doch so viele ethische, ökologische und gesundheitliche Argumente dafür sprechen. Man konnte meine Beweggründe nicht nachvollziehen und so bekam ich viele unqualifizierte Kommentare zu hören. Diese entbehrten oftmals jeder sachlichen oder logischen Grundlage, so dass man dem auch nicht mit Fakten begegnen konnte. Ganz im Sinne von "Das haben wir schon immer so gemacht, dann wird es auch okay sein". Warum sollte man das auch hinterfragen. Tja, wer vom mehrheitlichen Verhalten abweicht und somit "nicht normal" lebt, der fällt auf und wird kritisch beäugt. Leider oft nicht objektiv, sondern von Vorurteilen behaftet, egal wie viele Argumente dafür sprechen. Ein Spruch meines Vaters war zum Beispiel "Musst Du denn immer alles anders machen; kannst Du nicht ein Mal normal sein?". Als ob die Normalität automatisch eine Ethik oder gar eine Legitimation implizieren würde...

Kurz nachdem ich vegan wurde, zog ich aufgrund des Studiums um. Seitdem habe ich meinen Freiraum und einen eigenen Kühlschrank ohne unangenehme Inhalte. Ich bin jetzt seit fünf Jahren vegan und kenne viele Produkte, die über Obst, Gemüse, Brot, Reis und Nudeln weit hinausgehen. Im üblichen Tagesablauf macht mir die vegane Lebensweise keinerlei Probleme. Beim Einkaufen lese ich natürlich die Zutatenliste, aber das ist für mich etwas so Selbstverständliches, dass es mir schon nicht mehr auffällt. Ich bin es ja schon seit der vegetarischen Zeit gewohnt und mittlerweile interessieren mich auch aus gesundheitlichen Gründen bestimmte Zutaten wie zum Beispiel Geschmacksverstärker. Ein bisschen aufwändiger bis nervig wird es nur in Restaurants und bei Veranstaltungen außerhalb des Freundes- und Bekanntenkreises, bei denen man erklärt, welche Dinge man nicht isst und auf Nachfrage entweder zum Veganismus steht oder bei der Frage "Ach, hast Du eine Allergie?" einfach nickt, um vorurteilsbasierte Zuschreibungen und lange, fruchtlose Diskussionen zu vermeiden. Das ist heuchlerisch, aber auch eine Form des Selbstschutzes, von der ich zumindest im Moment noch das Gefühl habe, sie zu brauchen.

Schade finde ich in manchen Momenten den Umstand, dass es bestimmte Produkte wie zum Beispiel bestimmte Backwaren oder Süßigkeiten nur im Versandhandel oder selbstgemacht gibt. Manchmal ist der Heißhunger auf bestimmte Dinge einfach da. Wenn ich erzähle, was ich gegessen habe, höre ich manchmal "Das darfst Du doch gar nicht", weil die Person nicht weiß, dass es das auch als vegane Variante gibt. Dieses Wort "dürfen" stört mich wirklich sehr, da mir niemand etwas verbietet und es ja keine Religion ist. Ich bin niemandem hörig oder Rechenschaft schuldig, schließlich vermeide ich ja Leid. Es ist meine eigene, freie Entscheidung, nach der ich lebe. Und die basiert auf meiner Ethik und sachlich-logischen Informationen. Diese Toleranz-Geschichte nach dem Motto "Ich sage nichts gegen Deinen Veganismus, also lass mich auch mein Fleisch essen", die stört auch. Vegan zu sein bezieht sich schließlich nicht nur auf die Ernährung, sondern auf den gesamten Lebensstil mit Bekleidung, Haushaltswaren etc. Zudem ist es überhaupt nicht vergleichbar. Ob jemand Äpfel oder Birnen konsumiert, ist mir wirklich egal. Das toleriere und akzeptiere ich selbstverständlich, da dabei niemand zu Schaden kommt. Äpfel und Kühe hingegen sind nicht vergleichbar, denn Obst hat keine Gefühle, keine Empfindungen und kein Bewusstsein, da fließt kein Blut, und dort findet keine Tötung statt.

Bei Pelz oder Tierversuchen für Kosmetik können viele Menschen nachvollziehen, dass es nicht okay ist, beim Fleischverzehr jedoch nicht – weil es so stark traditionell verankert ist, nicht hinterfragt und somit auch nicht öffentlich kommuniziert wird, wie das Tier zur Ware wird und was das süße Kälbchen mit Kulleraugen mit der Kalbsleberwurst zu tun hat. Die meisten Menschen sagen auch, dass sie nie eine Kuh töten könnten. Aber eine essen, das geht – weil sie es verdrängen, was auf ihrem Teller liegt. Bei Kindern sieht man es auch ganz gut: Tote Fische finden viele eklig, Fischstäbchen hingegen essen sie gerne. Weil sie die Wahrheit nicht kennen und es niemand ausspricht.

Ansonsten versuche ich, den Leuten nicht auf die Nase zu binden, dass ich vegan lebe. Warum auch. Ich definiere mich durch weitaus mehr, und ich habe keine Lust auf Schubladen voller Vorurteile. Wenn ich merke, dass Menschen offen sind, erkläre ich ihnen, warum ich so lebe und welche Vorteile es hat. Kennen die Leute mich bereits und erfahren es dann nebenbei, so akzeptieren sie mich weiterhin und meist auch meinen veganen Lebensstil.

Was könnte meine Situation verbessern? Vielleicht wenn es mehr Veganer gäbe und vegan zu sein zur Normalität gehören würde. Wenn das Wort "vegan" einen höheren Bekanntheitsgrad hätte und die Akzeptanz erhielte, die verdient. Wenn Menschen offener dafür wären, sich mit Gedanken auseinander zu setzen, mit denen sie bislang noch keinen Kontakt hatten und die nicht dem Mainstream folgen und die ein Umdenken und eine Verhaltensänderung erfordern. Es ist ja in Teilen auch eine Abkehr vom persönlichen Egoismus, wenn man um einer guten Sache willen bereit ist, etwas zu tun bzw. zu lassen. Es ist manchmal aufwändiger, bestimmte Produkte in veganer Form zu bekommen. Aber ich mache es gern, da ich weiß, dass es etwas bringt und ich es ethisch vertreten kann. Die Abwägung ist nicht schwer und die Verhältnismäßigkeit gegeben, wenn der Wille, Leid und Tod zu vermeiden, wichtiger ist als Gleichgültigkeit, Bequemlichkeit und Egoismus.

Ich fände es gut, wenn Firmen verstärkt die Veganblume der Vegan Society als eindeutiges Symbol für ihre veganen Produkte verwenden würden und es noch mehr vegane Produkte in Supermärkte, Bioläden und die Gastronomie gäbe. Ich kann gut nachvollziehen, wenn Menschen auf bestimmte Dinge nicht verzichten wollen, nicht aber, dass sie voller Gleichgültigkeit sind. So wäre es doch eine Leichtigkeit, sich für die vegane Variante zu entscheiden, wenn dies weder Abstriche noch Aufwand bedeuten würde und so auch ohne Einsicht Leid vermieden würde. Es gibt zum Beispiel die vegane Margarine "Alsan", die wie Butter geformt ist, identisch aussieht, riecht und schmeckt, genauso verarbeitet werden kann und in vielen Supermärkten erhältlich ist. Und das zu einem deutlich geringeren Preis als Butter. Wenn man nur dieses kleine Element "Alsan" als globalen Ersatz für Butter verwenden würde… Es käme eine riesige Dimension an vermiedenem Tierleid zustande. Das Gleiche gilt auch für Teigwaren, in denen oftmals Ei verarbeitet wird, obgleich es nicht notwendig ist.

Auch im Bereich von Fertiggerichten und im Süßwarenbereich besteht Entwicklungspotential. Das wäre auch für Menschen hilfreich, die Allergien haben oder auf Cholesterin verzichten möchten. Man kann fast jedes Produkt pflanzlich produzieren, so dass es aus meiner Perspektive wirklich mehr als fraglich ist, warum das Alles derartig langsam geschieht.

Ich hoffe, dass sich die gesundheitswissenschaftliche Forschung stärker mit diesem Ernährungsstil auseinander setzt. Dass sie nicht primär nach Risiken sucht, sondern offen für die gesundheitsförderlichen Aspekte der veganen Ernährung ist. Die Amerikanische Gesellschaft der Ernährungswissenschaftler (ADA) und der Verband kanadischer Ernährungswissenschaftler (DC) haben 2003 ein Positionspapier veröffentlicht, in dem es wörtlich heißt, dass eine gut geplante vegane Ernährung für jeden Menschen in jeder Phase des Lebens geeignet ist. Das ist keine persönliche Meinung eines Einzelnen, kein Fallbericht oder eine allein stehende Studie, sondern ein umfangreicher Bericht, der auf mehr als 250 wissenschaftlichen Quellen basiert und von mehr als 20 Wissenschaftlern im Review-Verfahren ratifiziert wurde.[43] Vor diesem Hintergrund kann man sich nur wünschen, dass auch die Deutsche Gesellschaft für Ernährung (DGE) ihre Empfehlungen revidiert und sie auf Basis der wissenschaftlichen Evidenz anpasst.

Allgemein wünsche ich mir, dass Öffentlichkeit und Fachwelt fundierter über die gesundheitlichen Aspekte der veganen Ernährung informiert werden. Auch die ökologischen Aspekte des veganen Lebensstils könnten stärker kommuniziert werden, insbesondere im Rahmen der aktuellen Diskussionen zum Klimaschutz. Im Januar 2007 erschien zum Beispiel in der "Zeit" ein Artikel, der über eine Studie der Vereinten Nationen informierte, laut der die Nutztierhaltung durch Abholzung, Wasser- und Energieverbrauch, Methan usw. das Klima stärker schädigt als der gesamte globale Verkehr. Das muss man sich einmal vorstellen! Es sprechen so viele Argumente dafür, vegan zu leben ...

[43] ADA position (2003): Vegetarian Diets. J Am Diet Assoc. 103: 748-765. http://www.eatright.org/ada/files/veg.pdf

30. Berufswunsch Tierärztin (Maria, 38, Industriekauffrau)

Ich wollte früher Tierärztin werden. Um mir einen Eindruck vom Beruf des Tierarztes machen zu können, habe ich ein mehrwöchiges Praktikum in einer Tierarztpraxis absolviert. Das Fachgebiet des Tierarztes umschloss alle Großtiere, also auch so genannte Nutztiere in der Landwirtschaft. Dadurch bin ich auch in riesige Mastställe gelangt. Was man da zu sehen bekam, war bereits vor 25 Jahren mehr als erschreckend und unverständlich. Die katastrophale Haltung der Tiere – ohne Auslauf, auf engstem Raum, ohne Sonne, auf Spaltboden, ohne Einstreu, möglichst dunkel gehalten, damit die Tiere ruhig bleiben und sich gegenseitig nicht anfressen vor lauter Langeweile und Platznot – hat für mich eine Konsequenz von Heute auf Morgen ausgelöst, nämlich ab sofort kein Fleisch mehr zu essen. Dieser Tierarzt hat unter Anderem auch Fleischbeschauen im Schlachthof gemacht, so dass wir regelmäßig auf verschiedenen Schlachthöfen unterwegs waren. Die Tiertransporte und der äußerst brutale Umgang mit den Tieren beim Entladen und auf dem Schlachthof hat mich dazu bewegt, immer mehr tierische Produkte auszutauschen, bis ich gar keine tierischen Produkte mehr gegessen habe. Ein Leben voller Leiden, von der Geburt bis zum Tod, das wollte ich nicht länger unterstützen.

Auf meine damalige Frage dem Tierarzt gegenüber, warum er denn nichts dagegen unternehme, entgegnete: "Was soll ich denn machen? Das sind alles meine Kunden." Somit bin ich nicht nur vegan, sondern mir auch darüber klar geworden, in welcher Zwickmühle Tierärzte sind, wenn sie beruflich überleben wollen.

Als ich anfing vegan zu leben, hatte mein Umfeld große Bedenken, dass ich nicht überleben könne. Außerdem haben sie nicht geglaubt, dass ich die vegane Lebensweise durchhalte. Heute – etliche Jahre später – wissen sie, dass ich durchgehalten habe und bewundern mich dafür. Sie sagen, ich hätte ja eigentlich Recht, dass es besser ist vegan zu leben, allein aus ethischen Gründen, aber sie bekommen den Dreh nicht hin. Die Meisten leben in einer Partnerschaft und oft ist es so, dass einer der Partner nicht mitzieht, und schon sind alle Vorsätze zunichte.

Es ist leider immer noch so, dass zum Beispiel im Restaurant zu wenig vegane Speisen angeboten werden. Ich selbst frage nach und sage, dass ich mein Essen ohne tierische Inhaltsstoffe zubereitet haben möchte; ich habe mich daran gewöhnt. Aber viele trauen sich noch nicht einmal das. Es ist ihnen unangenehm, immer aufzufallen. Ich versuche ihnen dann zu erklären, dass ich gerne auffalle, wenn ich dabei zur Aufklärung über diese schreckliche Tierquälerei beitragen kann.

Mein Fazit: Ich muss nach wie vor feststellen, dass immer noch eine riesige Hemmschwelle besteht, vegan zu leben, weil es angeblich ja so schwierig ist, – was ja nicht stimmt, das ist eine reine Kopfsache. Es sollte viel mehr Werbung für vegane Produkte gemacht werden, im Fernsehen, im Radio, auf Werbetafeln, wo auch immer. Es muss raus aus den Köpfen, dass es schwierig sei, vegan zu leben.

31. Weinkrämpfe
(Paula, 38, Angestellte)

Wie viele andere Veganer und Veganerinnen auch wurde ich nicht von heute auf morgen vegan. Das auslösende und geradezu traumatische Erlebnis war 1996 eine TV-Sendung über Tiertransporte und gequälte Tiere von Manfred Karremann, die mich sehr schockierte und zum Nachdenken brachte. Als wäre es erst gestern gewesen, sehe ich das Bild der verletzten und erschöpften Kuh noch genau vor mir: Eine ihrer Vorderbeine war an einem Seil festgebunden. Das Tier wurde brutal aus dem Laderaum eines Schiffes auf einen offenen LKW umgeladen. Ihre Schreie, von Schmerz gepeinigt, klingen mir heute noch in den Ohren. Beim Zusehen litt ich schrecklich mit und Weinkrämpfe überfielen mich. Ich konnte die Art und Weise, wie Menschen Tiere so grausam behandeln, einfach nicht nachvollziehen.

Danach dauerte es etwa drei Jahre, bis ich ganz aufhörte, Fleisch zu essen. Nach einer Phase des Reduzierens von Fleisch- und Wurstwaren, darunter auch Biofleisch, begriff ich endlich – wenn auch sehr spät – meine Mitschuld am Leid und Tod der Tiere. Mir wurde klar, dass ich selbst keine Tiere schlachten könnte. Ich wollte aber auch nicht, dass andere Menschen Tiere für mich gefangen halten und töten, nur damit ich Fleisch und Wurst essen kann. In diversen Magazinen wurde ich auf weiteres Tierleid in unserer Gesellschaft aufmerksam. Ich ließ es immer bewusster an mich heran und wollte mehr darüber wissen. In meiner Freizeit las ich viele Bücher, deren Hauptdarsteller meist Tiere waren. Zu dieser Zeit wurde auch mein Interesse für eigene Tiere geweckt, mit denen ich in Zukunft zusammen leben wollte. Meine Tiere aus zweiter Hand, die bald in unser Haus und unseren Garten einzogen, wurden für mich zum primären Lehrmeister und einem festen Bestandteil meines Lebens. Sie öffneten mir endgültig die Augen und zeigten mir durch ihr Verhalten, welche elementaren Interessen und Wünsche sie haben.

Nach weiteren drei bis vier Jahren als Vegetarierin wurde mir klar, dass auch für Eier, Milch, Käse, Kleidung und Schuhwerk Tiere ausgebeutet und umgebracht werden. Anfänglich schränkte ich mich auch bei diesen Produkten nur stark ein. Aber immer öfter bohrte in meinem Gewissen die Frage, ob ich in der Lage wäre, eine Kuh zu melken oder direkt aus dem Euter der Kuh zu trinken und gleichzeitig die Schreie des Kälbchens zu ertragen, wenn es herzzerreißend nach seiner Mutter ruft. Mir wurde bald klar: Ich könnte es nicht ertragen. Also wurde ich Veganerin.

Seit meiner Ernährungsumstellung bewirte ich meine Gäste nur noch mit vegetarischen und veganen Nahrungsmitteln. Der größte Teil der Speisen besteht aus veganen Zutaten und ich gebe mir große Mühe, ein abwechslungsreiches und buntes Angebot aufzutafeln. Zu meiner großen Freude akzeptiert die Mehrheit meiner Familie meinen veganen Lebensstil. Mit Interesse und Neugierde werden die veganen Mahlzeiten gerne von ihnen gegessen.

Mein Sohn, der nun fast 16 Jahre alt ist, isst zu Hause schon seit vielen Jahren vegetarisch oder vegan. Bei vegetarischen Produkten achte ich darauf, dass diese biologisch hergestellt werden. Ich vertrete aber die Meinung, dass mir mein Kind nicht gehört. Das heißt für mich, dass ich keinen persönlichen Besitzanspruch auf mein Kind habe. Er ist eine eigenständige Persönlichkeit und hat das Recht auf Entscheidungsfreiheit. Das heißt jedoch nicht, dass er machen kann, was er will. Ich versuche, ihm ethische Werte zu vermitteln; versuche aber nicht, sie mit Härte von Heute auf Morgen durchzusetzen, sondern durch geduldige Aufklärung. Das bringt, glaube ich mehr. Als Mutter und Tierrechtlerin kann ich damit leben, dass er zuhause zwar immer noch Biokäse und Biomilch zu sich nimmt, weil ich weiß, dass er ethisch schon viel weiter ist als die meisten seiner gleichaltrigen Freunde oder seiner erwachsenen Verwandten. Seit letztem Jahr achtet er darauf, dass seine Schuhe aus synthetischem Material bestehen. Das hat mich mit großer Freude erfüllt, weil diese Entscheidung von ihm selbst kam.

Schmerzlich empfinde ich das Verhalten der Großmütter, die ihm Fleisch und Wurst anbieten, da sie glauben, ihm damit etwas Gutes zu tun. Noch immer schwirrt ihnen die altbekannte Aussage "Fleischessen gibt Kraft" im Kopf herum.

Auch zwei Verwandte, bei denen Fleisch ganz oben auf dem Speiseplan steht, tanzen immer noch aus der Reihe. Sie tasten mit den Augen regelrecht die Speisen auf der Tafel ab und die Abneigung steht ihnen förmlich ins Gesicht geschrieben. Trotz freundlicher Aufforderung lehnen sie es generell ab, meine veganen Gerichte zu probieren. Ich glaube, dass ihre Protesthaltung durch meine ethische Grundeinstellung noch verstärkt wird. Auffällig ist auch, dass beispielsweise bei Familienfeiern mein kleiner Hund von einem dieser Verwandten nicht eines Blickes gewürdigt wird.

Meine Schwierigkeit als Veganerin besteht vor allem darin, dass ich äußerst widerwillig an Grillfesten im Freundes- und Verwandtenkreis teilnehme. Hier ertappe ich mich immer wieder, dass durch solche Feste meine ohnehin schon eingeschränkte Lebensfreude – hervorgerufen durch das Wissen vom Leid der Tiere – noch stärker eingetrübt wird. Das rohe Fleisch erinnert mich zu stark an das Leiden der Tiere. Deshalb bevorzuge ich die Gesellschaft von Menschen, deren Geist geschmeidig und offen für Neues ist und die einer friedlicheren Lebensweise den Vorrang geben beziehungsweise geben wollen. Es sind Menschen, die mich ansprechen und fesseln, die durch ihre Andersartigkeit auffallen, die sich durch ihren Mut und ihre Einsatzbereitschaft für die Unterdrückten aus dem Gros der Gesellschaft hervorheben und sich auch durch Rückschläge nicht von ihrem Weg abbringen lassen. Menschen, die der Bequemlichkeit und Ruhe wegen nie aus der Herde ausbrechen, interessieren mich nicht sonderlich.

32. Tierleidfrei leben
(Ulrike, 53, Kommunikationswirtin)

Seit dem Herbst 2005 sage ich mit Freude und aus vollem Herzen, dass ich Veganerin bin. Besonders freue ich mich, dass ich durch meinen Lebenspartner, der seit etwa 25 Jahren vegan lebt, die Gelegenheit dazu bekam. Er wurde nach einem längeren Aufenthalt in Indien Vegetarier und, aus seinem der Konsequenz verpflichteten Denken heraus dann auch Veganer. Wir lernten uns im Alter von über 50 Jahren kennen. Er forderte keinerlei Änderung meiner Haltung und hätte mich auch als Vegetarierin akzeptiert. Zu dieser Zeit war ich bekennende Allesesserin, jedoch mit unterdurchschnittlicher Fleischernährung, überdurchschnittlich jedoch war mein Konsum von Milchprodukten- und Eiern. Bekennend, weil ich mich bereits intensiver als üblich mit Ernährung beschäftigt hatte.

Aufgewachsen bin ich auf dem Land, mein Vater war beratender Landwirt ohne Hof. Trotzdem hatte ich viel mit diesem landwirtschaftlichen Umfeld zu tun. Für mich war es natürlich, dass Tiere aufwachsen und geschlachtet werden, um sie dann zu essen. Als junge Frau kam ich dann mit dem buddhistisch geprägten Thailand in Berührung; ich lebte dort. Anschließend gab ich über 15 Jahre fernöstliche Kochkurse. Das entwickelte meine Haltung zu Nahrungsmitteln vor allem im qualitativen Aspekt, der in dieser Region eine wichtige Rolle spielt. Dieser Grundstock an Wissen über die Esskulturen des gesamten fernöstlichen Raums und der entsprechenden Zubereitung von Speisen hilft mir heute, meine Essgewohnheiten entsprechend anzupassen, denn ich wandle sie nun einfach zum Veganen um.

Mein Lebenspartner hilft mir sehr. Nach der ersten Diskussion mit ihm, gleich nachdem wir uns kennen gelernt hatten, war mir klar, dass es ethisch unmöglich ist, Tiere zu verzehren. Nach einer etwa 2-wöchigen vegetarischen Phase war bei mir der Veganismus angekommen, als hätte ich auf ihn gewartet! Meinen Lebenspartner kann ich alles fragen, denn als langjähriger Veganer hat er auf alle Zweifelsfälle die passende Antwort – wie wunderbar bequem. Er meint, dass er sich zu seinen veganen Anfängen als Mentor jemanden wie sich gewünscht hätte, denn vor 25 Jahren war es schwierig, vegan zu leben. Damals hatte er Kontakte zu Veganern aus England, die ihm sein veganes Leben erleichterten. Langsam werde ich auch "flügge" in meinem Wissen und dringe in immer mehr Feinheiten tierfreier Zutatenangaben vor. Unser Credo ist eine gewaltfreie, liebevolle Lebens-, Denk- und Handlungsweise, die über die Ernährung hinausgeht und an spiritueller Weiterentwicklung orientiert ist. Unser Vorgehen gegenüber unserer Umwelt ist "die sanfte Tour", indem wir das, was wir wollen und für richtig halten, vorleben. Wir mögen an keinen Demos gegen zum Beispiel Tierpelze und Ähnlichem teilnehmen. Damit wird, so meinen wir, dem Negativen bzw. dem, was wir vermeiden wollen, nur noch mehr Energie gegeben. Wir haben gute Erfahrungen damit gemacht, nicht militant aufzutreten. Das ruft teilweise sogar eine angenehme Reaktion bei unserer Umwelt hervor.

Natürlich ist die meistgestellte Frage: "Was bleibt Ihnen dann noch zu essen oder zum Anziehen?" Mit einem Fingerzeig auf meine Schuhe beweise ich, dass es sich durchaus auch lederfrei gehen lässt. Meine Ernährung enthält alles, was lecker und gesund ist, zum Beispiel Gemüse, Früchte, Getreide, Hülsenfrüchte und natürlich Gewürze, gekonnt eingesetzt. Auf den Ausruf: "Das dürfen Sie auch nicht essen!" entgegne ich mit: "Ich darf alles essen, ich will das aber nicht."

Meine sozialen Kontakte haben sich geändert, was ich nicht als Nachteil empfinde. Ich habe so viele Interessen, dass das Essen gehen nie der wichtigste Aspekt in meinem Leben war. Aber es stimmt, ich halte mich von Situationen fern, an denen "Kadaveresser" sich erfreuen; auch Restaurantbesuche führen vorzugsweise in die wenigen veganen Verwöhnstuben. Ich kaufe fast nur noch in alternativen Lebensmittelläden ein, wobei ich festgestellt habe, dass ich mir den Wegfall von Fleisch, Fisch, Wurst und Käse ohne Probleme leisten kann. Putzmittel und Kosmetik kaufe ich ebenso nur noch vegan, da trete ich dem höheren Preis durch eine sparsame Dosierung entgegen.

Ich gehe sehr offensiv mit meinem Vegansein um und erwähne es, wann und wo immer es mir möglich erscheint, um zu sagen: "Es gibt Veganer. Seht her, ich bin so eine." Und ich stelle mich dann allem, was als Reaktion auf mich zukommt. Nicht selten ist es interessant – für alle Beteiligten.

Schwierig bis ärgerlich ist die Unwissenheit der Mediziner. Es ist schwer, einen vegan-interessierten Arzt zu finden. Bei meiner Suche stieß ich auf einen Arzt, dem ich sagte:"Ich bin Veganerin." Er antwortete darauf prompt: "Ich weiß, was sie für ein Problem haben!" – "Ach ja, was denn für eins?" – "Sie leiden unter Proteinmangel." – "Wie kommen sie darauf?" Es folgte ein längeres konfuses, haarsträubendes Referat.

Man benötigt gute Kenntnisse über die vegane Ernährung, um sich vor solchem medizinisch argumentierten Unsinn zu schützen. Ein aktueller und wissenschaftlich fundierter Kenntnisstand der Ärzteschaft wäre sehr wünschenswert. Oft entstehen solche Reaktionen auf unsere Spezies wohl auch aus Ängsten, die aus dem Hinterfragen des fleischessenden, christlichen Abendlandes zu resultieren scheinen.

Was einer Veganerin helfen könnte? Vielleicht, wenn der Veganismus immer mehr wahrgenommen und bekannter wird. Es ist doch im Gegensatz zu den variantenreichen Vegetariern ganz einfach: Nichts von Tieren! Wichtig wäre auch, dass die Kennzeichnung der Zutaten noch besser und immer kenntnisreicher gestaltet wird, so dass Hersteller "vegan" auf immer mehr ihrer vegan erzeugten Produkte deklarieren. Bedeutsam ist auch ein enger geknüpftes veganes Netzwerk. Dazu werde ich gern beitragen und unter anderem Kochkurse mit Infoteil zum Thema anbieten, um Menschen ganz praktisch darin zu unterstützen, tierleidfrei, gesund und genussvoll zu leben.

33. Mutter vernünftig (Zora, 27, Altenpflegehelferin)

Es wird Veganern ja immer vorgeworfen, sie hätten keine Ahnung von Tieren und Landwirtschaft, deshalb fange ich in meiner Kindheit an. Ich bin sehr ländlich aufgewachsen und lebe noch immer in einem "Kaff". Mein Großvater hat Rinder, Schweine und Hühner geschlachtet und mein Großonkel war Jäger. Ich liebte es, mit ihm durch den Wald zu laufen und mir vieles erklären zu lassen.

Jeden Tag ging ich mit einer Milchkanne auf einen Bauernhof, um Milch zu holen. Ich riss mich quasi darum, denn ich liebte es, im Kuhstall zu sein: die Wärme der Kühe, das Spielen mit den Kälbchen. Ich war schon immer gern mit Tieren zusammen, aber es war so normal, dass andere Tiere für uns Menschen eingesperrt und getötet wurden. Dass die Kälber getrennt von ihren Müttern in kleinen Boxen standen und ihre Mütter an der Kette, dass sie in den ersten Tagen nach der Geburt jämmerlich nach einander riefen, sie früher oder später umgebracht wurden – all das wusste ich, stellte es aber nicht in Frage. Ich lernte Reiten und bei einer Freundin sauste ich auf dem Rücken von Ponys durch den Spessart. Alles wurde zur Idylle, wenn nur ein Tier im Spiel war.

Damals wohnten wir zur Miete und unser Vermieter hielt zwei Kaninchen in einem kleinen Stall. Ich wurde nicht müde, ihnen täglich frisches Gras zu bringen, mit ihnen zu schmusen und zu spielen. Ich war so sieben oder acht Jahre alt, als der Vermieter eines Tages an der Tür klingelte. Er stank nach Alkohol – ich verabscheue Alkohol noch heute – und hielt mit einer Hand ein blutiges, gehäutetes, totes Kaninchen an den Hinterbeinen und lallte: "Frag mal Deine Eltern, ob sie den haben wollen." Da war die Idylle vorbei, ich aß nie wieder Hasenbraten, allerdings weiterhin die Füllung eines solchen, denn die bestand ja aus Hackfleisch. Weiteres stellt man in solch einem Alter wohl noch nicht in Frage.

Als ich 12 Jahre alt war, las ich in der Schule am Schwarzen Brett die Geschichte eines Hundes, der in einem Versuchslabor der amerikanischen Rüstungsindustrie gequält wurde. Ich bekomme von so etwas keine Albträume, es lässt mich aber tagsüber nicht los. Ich quengelte so lange, bis meine Eltern mich Mitglied im örtlichen Tierschutzverein werden ließen, denn ich wollte etwas gegen diese schlimmen Dinge tun. Dazu kam es aber nicht. In dem Tierschutzverein hatte man kein Interesse daran etwas zu ändern, sondern nur daran, ein paar einzelnen Opfern – den Streicheltieren – zu helfen. Ich ließ mich bald davon überzeugen, dass man eh nichts ändern könne. Ich war stolz darauf, zu reiten und gleichzeitig auch Pferdesalami zu fressen, irgendwie bildete ich mir ein, so was sei naturverbunden.

Weil ich mich aber ernsthaft für Tiere interessierte, machte ich mit 14 Jahren ein Praktikum bei einem Tierarzt, der nicht nur Kleintiere behandelte. Ich assistierte bei künstlichen Besamungen, hielt die Hoden eines zwei oder drei Wochen alten Ferkels in der Hand, während diese abgetrennt wurden und das Ferkel ohne Betäubung mit offenem Bauchraum schrie. Ich habe weder vorher noch nachher jemals wieder jemanden so schreien gehört. Und ich suchte bei der Fleischbeschau die Lymphknoten der toten Körper ab. Was sich so Viele denken, um besser verdrängen zu können, dachte auch ich: Es ist halt nicht alles schön, aber wenn man Fleisch essen will, muss das eben sein.

Ein paar Monate später wurde ich Vegetarierin. Nicht aus Tierschutzgründen, sondern weil es damals einfach "in" war. Natürlich machte ich deshalb auch immer wieder Ausnahmen, bei einem Aufenthalt in Irland ernährte ich mich zum Beispiel schon morgens von Bratwürstchen.

Als ich 16 Jahre als war, wurde eine meiner Klassenkameradinnen vegan. Ich hielt sie für total bekloppt. Sie ernährte sich hauptsächlich von Nudeln mit Ketchup, Pommes und Chips und erzählte etwas davon, dass der Darm des Menschen zu lang sei, um Fleisch verdauen zu können. Innerhalb eines Jahres ging es ihr wegen ihrer Fehlernährung so schlecht, dass ich mich nur bestätigt sah. Außerdem hatte ich auch hundert andere Sachen zu tun und gar keine Lust, mich damit näher auseinander zu setzen.

Erst mit 18 Jahren geschah es dann, als ich anfing, mich mit verhaltensauffälligen Hunden zu beschäftigen, um ihre Vermittlungschancen im Tierasyl zu erhöhen. Ich fragte mich, warum man einen Unterschied zwischen diesen Hunden und anderen Tieren machen sollte. Ich begann dann auch, mit anderen Menschen über Tierschutz zu sprechen, machte Diskussionsstunden mit Schülern und tauschte mich mit anderen Tierschützern aus. Ich holte Hunde von der Kette und Kaninchen aus dunklen Ställen. Aber es dauerte noch gut zwei Jahre, bis ich anfing, mich mit meiner eigenen Doppelmoral auseinander zu setzen. Zwischenzeitlich hatte ich immer wieder über die schreienden Ferkel, Kälber und anderen Nutztiere nachgedacht. Ich beschloss, keinen Käse mit Kälberlab mehr zu kaufen und nur noch Eier aus Freilandhaltung. Aber was war mit den Produkten, die bereits Eier enthielten? Das waren selbstverständlich Eier aus der Legebatterie, und für den Käse mussten so oder so Kälber sterben. Ich war schon wieder an einem Punkt angelangt, an dem ich mir nur Doppelmoral vorwerfen konnte. Wohlgemerkt: Ich setzte mich tatsächlich alleine damit auseinander, kannte zu diesem Zeitpunkt absolut keine Veganer oder Tierrechtler und wollte es einfach nur richtig machen. Doch natürlich habe ich es anderen Veganern zu verdanken, dass ich selbst vegan wurde – über das Internet stieß ich schnell auf so Einige, die mir klarmachten, dass Veganismus weder Askese noch Mangelernährung bedeutet, und es, wenn man andere Tiere tatsächlich achtet, gar keinen Weg daran vorbei gibt.

Im Sommer vor sechs Jahren aß ich das letzte Mal Eiscreme aus Kuhmilch, seitdem lebe ich vegan. Meine Freunde glaubten zuerst, das sei nur eine Phase, schüttelten den Kopf und warteten darauf, dass ich bald umfiele. Aber ich machte mich auf die Suche nach Leuten, mit denen ich etwas erreichen konnte. Was ich gelernt habe in den ganzen vorhergehenden Jahren der Tierschutzarbeit: Es ist sinnlos, Symptome zu bekämpfen, ausgesetzte Hunde einzusammeln und Landwirte wegen nicht artgerechter Haltung anzuzeigen, was ich unzählige Male gemacht habe, wenn man nichts an den Ursachen ändert: Das Bewusstsein der Menschen, dass andere Tiere für uns da seien. Quälerei definiert jeder anders, für die meisten Leute ist es keine Quälerei, Meerschweinchen in Deutschland zu halten – dabei sind die klimatischen Bedingungen absolut ungeeignet für sie. Menschen sperren andere Tiere ein, sei es zur Belustigung, zum Zeitvertreib, um sie anschließend umzubringen und aufzufressen, warum auch immer. Doch wer gibt uns das Recht? Weil wir es können? Ich könnte auch einen anderen Menschen einsperren und ihn ausrauben, aber ich tue es nicht, denn ich will keinem anderen Menschen so etwas zufügen. Und warum sollte allein die Artzugehörigkeit maßgeblich für unser Verhalten anderen gegenüber sein? Sollte man nicht eher auf das achten, was das Gegenüber mitbringt? Schweine brauchen kein Wahlrecht, denn sie haben kein Interesse an Wahlen, können mit einer Demokratie nichts anfangen. Aber sie können Schmerzen empfinden und haben ein berechtigtes Interesse daran, keine zu erleiden. Sie haben Interesse an Freiheit, am Leben in einem Familienverband. All das wird ihnen von Menschen genommen, einfach so, "Es sind ja nur Schweine". Und in dem Moment muss ich daran denken, dass man auch mal sagte "Es sind ja nur Juden" oder "Es sind ja nur Frauen". Doch hat das diese Menschen tatsächlich zu minderwertigen Lebewesen gemacht, nur weil andere dieser Meinung waren? Warum sollte man andere Tiere töten dürfen, wo es doch absolut unnötig ist? Kein Mensch muss tierliche Produkte essen, um zu überleben. Wir sind das einzige Tier, welches allein aus Freude und Genuss tötet und einige Psychologen und Soziologen meinen auch, dass dies aus einem Machtbedürfnis heraus geschieht. Dieses Recht haben wir nicht. Das Recht Anderer auf Leben, Freiheit und Unversehrtheit geht absolut vor.

Ich arbeite daran, anderen Menschen zu zeigen, was eigentlich passiert. Ein Ausschnitt davon ist im Internet auf www.tierrechtsbilder.de unter "Aktionen und Befreiungen" zu finden. Ich zeige Alternativen auf. Niemand muss hungern oder in sonstiger Weise asketisch leben, wenn er vegan wird. Tiere haben eine Persönlichkeit. Wenn man das erst mal begriffen hat, ändert man sein Verhalten. Denn Persönlichkeiten behandelt man nicht wie eine Sache – man zollt ihnen Respekt.

Vor knapp zwei Jahren wurde ich, mittlerweile mit einem veganen Partner zusammenlebend, schwanger. Hatten Familie und Bekanntenkreis lange Zeit geschwiegen, da ich entgegen ihren Erwartungen noch immer sehr lebendig war, ging es nun teilweise wieder von vorne los mit all den Vorurteilen: Ich bekäme sicher ein krankes Kind, sofern es überhaupt lebend zur Welt käme, und wenn es nicht krank sei, dann werde es mit Sicherheit ein sehr unglückliches Kind. Denn vegan zu leben müsse ein Kind ja unglücklich machen. Glücklicherweise konnte ich in den Jahren zuvor einige vegane Mütter und Kinder kennenlernen, denen es offensichtlich sehr gut ging. Da man sich, wenn man sich aktiv für Tierrechte und für Veganismus einsetzt, außerdem zwangsläufig mit gesunder Ernährung, Nährstoffversorgung et cetera auseinandersetzt. Da es so etwas noch nicht gab, hatte ich zum Thema vegane Kinder ein halbes Jahr zuvor die Seite www.vegankids.de ins Leben gerufen, auf der auch Texte zur veganen Ernährung in der Schwangerschaft zu finden sind. Zudem hatte ich einen sehr guten Gynäkologen, der darüber informiert war, dass ich vegan lebe und meinen negativen Toxoplasmose-Test nur mit "Na, da brauchen sie sich als Veganerin aber keine Gedanken machen, dass Sie sich nun in der Schwangerschaft infizieren, sie essen ja kein Fleisch und keine Eier" kommentierte. Die Hebamme, die ich mir für den Geburtsvorbereitungskurs und die Betreuung im Wochenbett ausgesucht hatte, war ebenfalls sehr aufgeschlossen. Sie erzählte mir, dass sie Laktose-intolerant und als Kind dazu gezwungen worden sei, Kuhmilch zu trinken, da man diese als Kind angeblich "brauchte". Insgesamt kann ich nur sagen, dass meine Schwangerschaft eine ganz normale war und völlig problemlos verlief.

Termingerecht wurde dann mein Sohn, sogar überdurchschnittlich groß und schwer, geboren. Auf der Entbindungsstation im Krankenhaus wurde ich dann das erste Mal im Leben mit Ärzten und anderem medizinischen Personal konfrontiert, die fest davon überzeugt waren, dass ich meinem Kind schade. Dadurch wurde auch der Stillbeginn zum Albtraum für mich. Angeblich hatte ich nicht genügend Milch, immer wieder musste ich mir anhören, dass ich meinem Kind doch lieber die Flasche geben solle und bestimmt meine Ernährung schuld sei. Ein Kinderarzt allerdings, der wohl etwas informierter war, sprach mich bei einer Untersuchung meines Kindes lediglich auf die Versorgung mit B12 und Eisen an. Als ich ihm erklärte, dass ich B12 selbstverständlich supplementiere, über eisenreiche vegane Nahrungsmittel gut informiert sei und nicht zu den Leuten gehöre, die den halben Tag Wildkräuter suchend auf Knien durch den Wald kriechen, grinste er und notierte hinterher auf dem Untersuchungsblatt, auf dem bereits vermerkt war, dass ich vegan lebe "Mutter sehr vernünftig".

Doch erst, als ich endlich mit meinem Kind zuhause war, konnte ich mich entspannen. In Gesprächen mit meiner Hebamme stellte sich heraus, dass ich zu keinem Zeitpunkt zu wenig Milch für mein Kind gehabt hatte, und seitdem konnte ich selbstbewusst und zufrieden stillen.

Mit sechs Monaten bekam mein Sohn dann die erste Beikost – Gemüsebrei, wie die meisten anderen Kinder auch – und fing mit sieben Monaten, als wir Hirsebrei mit Obst einführten, richtig begeistert an zu essen. Mittlerweile ist er ein Jahr alt und isst fast alles, was wir für uns kochen, sofern das Kleinkind-geeignet ist, mit Begeisterung. Wir stillen natürlich immer noch, wann immer er will. Das und wie begeistert er alles an typisch veganem gesunden Zeug (also Getreidebratlinge, Vollkornbrot mit Aufstrich et cetera) in sich reinstopft, erstaunt viele Menschen. Aber ich hatte bisher, da er ein sehr großes Kind ist, noch nie nennenswerte Probleme mit anderen Leuten. Selbst unser zuerst eher skeptischer Kinderarzt ließ sich von mir Infomaterial über die vegane Ernährung von Kindern mitbringen und ist seitdem eher interessiert als skeptisch.

Vor dem Kindergarteneintritt fürchte ich mich ein bisschen. Ich weiß, dass mein Kind dann das erste Mal im vollen Ausmaß damit konfrontiert werden wird, dass die meisten Menschen andere Tiere ausbeuten und umbringen und es sein könnte, dass er dort zum Außenseiter wird. Ich hoffe, dass wir als Eltern es schaffen, unserem Kind genug Zufriedenheit und Selbstvertrauen mitzugeben, um in Auseinandersetzungen mit Anderen bestehen zu können.

Ältere vegane Kinder haben mir bereits gezeigt, dass das möglich ist und man auch als veganes Kind ganz normal mit anderen Kindern spielen, Freunde haben und auf andere Menschen zugehen kann. Und mit etwas Glück wird unser Kind einmal sehr stolz darauf sein, Eltern zu haben, die ihm von Anfang an gezeigt haben, wie einfach es ist, zu leben, ohne Anderen Leid zuzufügen.

34. Philosophie (Julius, 32, Student)

Als ich 16 Jahre alt war, wurde ein gemäßigter Vegetarier mein bester Freund. Zu der Zeit erkannte ich im Fleisch essen noch kein ethisches Problem: Vegetarismus sei eine Vorliebe, es gibt Gründe dafür und Gründe dagegen. Wenn es falsch wäre, wäre es doch verboten. Mit den typischen Rationalisierungen als Abwehrmechanismus, um mir ohne offenen Widerspruch und Schuldbewusstsein meinen Orientierungsrahmen bewahren zu können, war ich nicht besser als der Großteil unserer Gesellschaft. Ich führte Gründe an, um meine Identität als ethisch nicht verwerflich zu verteidigen und ließ das Thema eigentlich nicht ernsthaft an mich heran. Das änderte sich auch nicht durch die enge Freundschaft mit dem Vegetarier.

Mit 23 Jahren wurde ich Vegetarier. Der Auslöser war ein Vortrag von Angelika Krebs zur Relevanz der Leidensfähigkeit in der naturethischen Diskussion.[44] Mein damaliger kantianistischer Tutor fand den Text schlecht. Das Tier könne kein moralisches Objekt, also zu berücksichtigender Gegenstand für die Moralphilosophie, sein, da nicht autonom und vernünftig. Ich teilte seine Meinung nicht: Die Leidensfähigkeit verleiht Tieren einen Eigenwert. Sie werden um ihrer selbst Willen nicht gequält. Mir wurde klar, dass wir den Tieren systematisch Unrecht tun und dieses Unrecht in unserer Kultur tief verankert ist. Die theoretische Einsicht hatte ich nun zwar, aß jedoch dennoch Fleisch. Ich wusste von dem Unrecht, das unsere Zivilisation den Tieren antut, meinte aber, dass mein Verhalten allein sowieso nichts bewirken würde. Es ist ein politisches Problem, keines für das Individuum. Außerdem, außerdem, außerdem – die typischen Rationalisierungen. In dieser "Einführung in die Philosophie" lernte ich eine Kommilitonin kennen, mit der ich in die Mensa ging und über den Vortrag und über die Mensch-Tier-Thematik allgemein sprach. Sie aß nichts, sondern sah mir nur zu. Plötzlich fragte sie mich, warum ich bei der Einsicht, die ich nun hätte, noch Fleisch essen würde. Ich sah das panierte Schweineschnitzel auf meinem Teller und ließ es liegen. Ab dem Moment war

[44] Vgl. Krebs (1993): "Haben wir moralische Pflichten gegenüber Tieren? Das pathozentrische Argument in der Naturethik". Deutsche Zeitschrift für Philosophie 41(6), 95-1008

ich Vegetarier. Durch ein Schlüsselerlebnis mit einer gemäßigten Veganerin, deren Namen ich vergessen habe und die ich später auch nicht mehr sah.

Veganer wurde ich drei Jahre später, das war 2001. Zu der Zeit interessierte ich mich oberflächlich für die Tierethik, hatte aber von Tierrechten und Veganismus noch nichts gehört. Ein Fleisch essender Jurastudent aus meinem damaligen Studentenwohnheim meinte, der Vegetarismus allein sei doch inkonsequent, da durch Tierhaltung und Zucht ebenfalls Tiere leiden würden. Ich fand das Argument stimmig und informierte mich daraufhin über den Veganismus. Im Forum von www.vegan.de erfuhr ich in kürzester Zeit, wie meine geliebten Sojaschnitzel vegan zu panieren seien.

Meine ersten Begegnungen mit Veganern verliefen eher unglücklich. Sie ließen mich denken, dass Tierrechtler und Veganer ideologische und radikale Fanatiker seien. Einem gewissen verbissenen Tierrechtsguru zufolge sollte man sich nicht schrittweise zum Veganismus hin entwickeln dürfen, sondern sich sofort für ihn entscheiden und seine Identität radikal umstellen, sobald man das erste Mal gehört hat, worum es geht. Schließlich sei man solange ja noch ein Tiermörder. Ich hatte für mich beschlossen, Veganer zu bleiben, die Szene jedoch zu meiden.

Als ich mit einer Professorin eine Hausarbeit zur Tierethik besprach, fragte sie mich, ob ich Aktivist sei. Ich glaube, sie war enttäuscht, als ich die Frage verneinte. In die Tierrechtsszene kam ich schließlich noch im selben Jahr, in dem ich Veganer wurde. Ich nahm an einer Aktion der lokalen Tierrechtsgruppe teil und fand eine heterogene, lustige und tolerante Gruppe vor, woraufhin ich mein Vorurteil über die fanatischen Veganer revidierte. Eine zweite interessante Erfahrung mit einem Philosophieprofessor machte ich ein paar Semester später, als er während seiner Vorlesung zu Kant sinngemäß sagte: "Unsere Gesellschaft sieht das Tier nicht als Zweck an sich an." Er stockte einen Moment und fragte dann in den Hörsaal: "Oder haben wir einen Veganer hier?" Ich meldete mich, und er freute sich. Heute weiß ich von drei Leuten an meinem Institut, die ebenfalls Veganer sind. Nur einer von ihnen ist Aktivist, die anderen beiden sind Doktoranden beziehungsweise Doktor der Philosophie und Buchautor.

Der Schritt zum Vegetarismus fiel mir schwerer als der spätere zum Veganismus. Ich hatte anfangs nur wenig Hintergrundwissen und Theorienkenntnis und war mir nicht sicher, ob ich als Vegetarier eine stabile Identität annehmen würde, die sich auf willkürliche Werte stützt. Als Philosophiestudent war mir wichtig, eine argumentativ starke Position einzunehmen. Dies bedeutete vor dem Wechsel meiner Identität erst einmal eine Einarbeitung in den Themenkomplex. Ich wusste zudem nicht, ob ich nicht rückfällig werden würde. Ein nicht unerheblicher Grund für mein Zögern war auch der, dass ich meine über alles geliebte Oma nicht enttäuschen wollte. Sie liebte es, zu kochen. Tatsächlich schmollte sie nach der Beichte einen halben Tag lang, ehe das Eis brach und sie mich fragte, was sie denn noch für mich kochen könne. Wir wurden uns schnell einig. Ihre ersten panierten Sojaschnitzel schmeckten dermaßen gut und so sehr nach Fleisch, dass ich mich hintergangen fühlte und minutenlang prüfte, ob es nicht doch Schweinefleisch war. Als ich mich später entschied, Veganer zu werden, hatte ich nicht mehr die Ungewissheit, möglicherweise argumentativ schwach da zu stehen oder rückfällig zu werden. Und auch meine Oma fragte lediglich, was sie nun wodurch zu ersetzen hätte.

Die Änderung meiner Identität vom Fleischessenden zum Vegetarier wurde mir von meiner mir nahe stehenden Familie, abgesehen von meiner tollen Oma, nicht gerade leicht gemacht. Mein Bruder scherzte einmal in einer längeren Diskussion und sagte: "Wenn Du keine Schnitzel mehr isst, dann esse ich welche für Dich mit!" Wenn ich meinem sonst eigentlich interessierten und intelligenten Bruder versuchte, anhand der Literatur, die ich für eine Hausarbeit las, den Vegetarismus philosophisch nahe zu legen und als geboten aufzuzeigen, stieß ich bei ihm wie bei meiner Mutter, damals wie heute, auf eine pseudorationale Abwehrhaltung. Es kamen Aussagen wie "Mir ist es lieber, 1000 Menschenaffen verenden im qualvollen Tierversuch als ein Kind" und "Pflanzen sind doch auch Lebewesen". Gegen diese rationalisierenden Klischeeargumente, die den Argumentierenden das Strahlen des Überlegenen ins Gesicht zaubern, weil sie sich so klug vorkommen, kommt man trotz bester und knappster Argumentation nicht an. "Ha, daran hat er noch nicht gedacht! Aber ich! Tiere fressen nämlich auch Tiere! Und der Urmensch war auch kein Vegetarier! Und Pflanzen können auch leiden, zumindest kann man es nicht ausschließen! Und was sollen wir dann mit den ganzen Tieren machen? Und wer gibt uns das Recht, Arten mit Qualzüchtungen aussterben zu lassen; sind wir Gott? Haben diese Arten nicht auch ein Recht auf Existenz?" Und wäre ich ein international beachteter Professor mit Schwerpunkt Moralphilosophie, sie wüssten es immer noch besser. Gleich, ob ich ein durchdachtes moralisches Konzept anführe oder den einfachsten Einwand. Meine Familie merkt zwar, dass hinter meiner Einstellung Substanz ist und freut sich darüber, dass ich rational und nicht missionarisch auftrete, aber damit hat es sich auch schon. An der eigenen integeren Identität und am eigenen Orientierungsrahmen lassen sie nicht rütteln, die sind ihnen heilig und tabu. Es ist frustrierend, wenn sich schon die eigene Familie nicht auf rationale Diskussionen einlassen will oder kann und man sich ohne sie und ihre Unterstützung weiterentwickelt.

Die Aktivität als Tierrechtler lässt mich mein Studium vernachlässigen. Anstatt andere wichtige und interessante Bereiche durchzukauen, habe ich mich vor allem mit der praktischen und theoretischen Philosophie bezogen auf Tiere und mit der kognitiven Verhaltensforschung auseinander gesetzt. Abgesehen von Tieren hat die Natur in meinen Augen keinen Eigenwert, da sie geistlos ist. Sie erhält dadurch einen Wert, dass sie für Wesen mit Eigenwert von Nutzen ist. Wir schützen unsere Umwelt, damit sie uns und künftigen Generationen erhalten bleibt. Anders als der restlichen Natur lässt sich Tieren jedoch ein Eigenwert zuschreiben, da sie ihrer Umwelt und Lebenssituation nicht geistlos und gleichgültig gegenüberstehen. Sie haben im weiten Sinne Interessen und unterscheiden angenehmere von unangenehmeren Zuständen. Tiere richten sich ihr Leben mittels Veranlagung bestmöglich ein, und zwar nicht geistlos, sondern als gestaltende Subjekte – auch ohne komplexeres Denken. Systematisch in das Leben von Tieren zu ihrem Nachteil einzugreifen, finde ich daher verwerflich.

Ich kann es gut verstehen, wenn manche argumentierenden Tierrechtler zurückgewiesen werden. Schließlich ist der Themenkomplex "Mensch-Tier-Verhältnis" nicht so einfach. Außerdem können sowohl bei der Annahme als auch bei der Ablehnung der Tierrechtsposition psychologische Ursachen eine führende Rolle spielen. Es kann sein, dass einem ethisch motivierten Veganer die rationale Begründung für seine Einstellung fehlt und er gegen einen kritisch nachfragenden Menschen nicht in der Lage ist, plausibel für den Veganismus (als moralisch geboten) zu argumentieren. Anstatt sich auf starke Begründungen stützen zu können, die nicht mehr zurückgeführt werden müssen, sondern allgemein geteilt werden oder zumindest geteilt werden sollten, wenn man nicht gerade ein unmoralischer Mensch ist, muss so jemand auf ein willkürlich gesetztes Fundament zurückgreifen. Dieses finden Andere ohne weitere

Erläuterung nicht einleuchtend, und er erscheint schnell als wenig überzeugender Ideologe, der er dann, angesichts des anspruchsvollen Themas jedoch verständlich, ja auch ist. Subjektive Beweggründe und Ansichten bieten oft zu wenig Beweggrund für einen Interessierten, die Ansichten des Anderen anzunehmen. Dabei gibt es mehrere gute Ansätze in der Tierethik und Tierrechtsphilosophie, die miteinander kombiniert ein stabiles Argumentationsgerüst abgeben. Sich hier eigenständig den Durchblick zu erarbeiten, erfordert jedoch schon fast ein Philosoph zu sein. Auf der anderen Seite steht der systemeingebundene Mensch unserer heutigen Gesellschaft, der sich im Informationszeitalter zwar interessiert gibt, aber dennoch Hemmungen hat, seine Identität und Integrität zu reflektieren und ohne massivere Abwehr zur Diskussion zu stellen. Ich glaube, dass das moralische Bewusstsein sich entwickelt und dass man den einzelnen Menschen für seine Einstellung nicht verurteilen kann, weil er sich der Schlechtigkeit oder Unverantwortlichkeit seines Verhaltens oftmals nicht bewusst ist. Der Mensch ist ein Produkt seiner Gesellschaft und selten frei von kulturellen Wertvorstellungen. Das, was man Menschen vorwerfen kann, ist nicht der Status, den sie aktuell einnehmen, sondern die mangelnde Bereitschaft, sich zu entwickeln. Zur Entwicklung gehört einerseits die Bereitschaft, Aufklärung zu erfahren, andererseits, neue Erkenntnisse konsequent umzusetzen. Wenn ich weiß, dass die Fußbälle der Firma Nike von Kindern genäht werden, dann kaufe ich sie nicht, selbst wenn sie besser oder günstiger sind als andere. Die Umstellung auf eine vegane Lebensweise und eine tierrechtlerische Identität ist mit Sicherheit komplexer als der Boykott von Nike, das muss berücksichtigt werden. Dennoch glaube ich, dass auch diese Umstellung relativ leicht zu bewerkstelligen ist und man mit einem soliden Hintergrund nicht als Sonderling dastehen muss. Ich werfe kaum jemandem sein Verhalten und seine Lebensweise vor, da ich glaube, dass wir Menschen uns schrittweise entwickeln. Die einfache Konfrontation mit der Thematik der Ausbeutung von Tieren, deren Interessen verletzt werden, ist bereits ein erster Entwicklungsschritt, denn bei der nächsten Konfrontation ist man bereits in der Materie. Ich glaube nicht, dass direkte Angriffe gegen die aktuelle Identität eines Menschen förderlich sind, ihn zum Veganismus zu bekehren. Ich setze mehr auf den guten Willen und das moralische Gewissen eines Menschen. Sind die nicht ausreichend vorhanden, ist nichts zu gewinnen. Aber ob wir uns verändern wollen oder nicht: Ich glaube, unser Gehirn arbeitet unbewusst mit den Informationen. Wir sehen uns als moralisch weitgehend einwandfreie Wesen an und legen aufgrund unserer Selbstachtung Wert darauf, uns dieses Selbstbild zu erhalten. Wenn die Abwehrmechanismen wie Verdrängung und Rationalisierung versagen, wird die eigene Identität möglicherweise revidiert. Ich glaube, dass viele Menschen selbst ihre strengsten Kritiker sind. Wenn man ihnen Informationen und Argumente nahe legt, jedoch keine Schlüsse zieht oder gar Forderungen stellt – obwohl die Betroffenen dies erwarten und sich bereits dagegen rüsten – wird eventuell eine zweite innere Stimme laut, die nun fragt "Könnte es nicht sein, dass..." und "Würde daraus nicht folgen, dass...", aber auch "Warum habe ich eigentlich diese starken Abwehrmechanismen aktiviert?" Sich gegen externe Angreifer zu wehren ist leichter als gegen die eigene, innere Stimme.

Der üblichen Definition der englischen Vegan Society zufolge bedeutet vegan, soweit wie möglich und praktisch sinnvoll, keine Produkte zu konsumieren, die auf Kosten von Tieren hergestellt werden. Diese Definition wird von vielen Veganern geteilt. Sie beinhaltet theoretisch die Freiheit, trotz der intersubjektiv bestimmten und allseits akzeptierten Richtlinien dennoch selbst entscheiden zu können, was (für einen selbst) unverzichtbar und hinnehmbar ist und was nicht. Beispiele wären Medikamente mit Laktose, ein ledernes Lenkrad im Auto, das Abtragen von alten Lederschuhen. Die Forderung, 100-prozentig vegan zu sein, ist ohnehin nicht sinnvoll, da alles irgendwie an Tieren getestet wurde und man manchmal einfach keine Wahl hat, ohne zu große Umstände oder Einbußen zu haben, beispielsweise bei Medikamenten. Die vegane Lebensweise bedeutet für mich auch keinen Verzicht. Schließlich steht auch veganen Genussmenschen ein vielfältiges Angebot zur Verfügung. Von einem geschmackvollen Käseersatz muss man zwar absehen, aber auch ohne Käse lässt es sich gut genug leben. Wobei es Fälle von Veganern gibt, die gerade dies anders sehen, zum Beispiel Bryan Adams und der Buchautor Helmut F. Kaplan. Sich gelegentlich eine Käsepizza zu bestellen, stellt in meinen Augen eine heftige Überdehnung des liberalen Verständnisses von Veganismus dar und ist ärgerlich. Auch Veganer verfallen Rationalisierungen. Manche lassen sich als solche aufdecken, in anderen Fällen würde man jemandem seine Freiheit zugestehen, ohne ihn zu diskreditieren. Viele Veganer – und auch ich – haben mehr oder weniger Leichen im Keller, wenn auch nicht so eindeutige und – für manche mag es anders aussehen – dermaßen überflüssige. Wir leben nicht um dem Veganismus gerecht zu werden, sondern bleiben freie Individuen.

Ob mir die vegane Lebensweise schwer fällt? Nein! Ich mache mir kaum Gedanken darüber, dass ich Veganer bin, obwohl ich Aktivist bin und den Veganismus propagiere. Wenn ich einkaufe, denke ich nicht daran, Veganer zu sein, und wenn ich in meinen Kühlschrank sehe oder etwas koche, auch nicht. Ich koche regelmäßig indisch, mit mehreren Arten von Hülsenfrüchten, Reis, Kartoffeln et cetera, im Wok asiatisch oder Pasta mit einer Tomaten-Broccoli-Zwiebel-Knoblauch-Sauce. Abgesehen von Aufstrichen kaufe ich eher selten Ersatzprodukte. Meistens denke ich nicht daran, dass andere Leute keine Veganer sind. Aber das ist nicht der Grund, warum ich auf die nicht selten gestellte Frage "Du bist Veganer?" seit einiger Zeit scherzhaft mit "Du etwa nicht?" antworte. Vielleicht liegt die Tatsache, dass vegan für mich die normale Lebensweise ist, daran, dass ich viel Zeit mit und unter Veganern verbringe. Schließlich bin ich in einem Tierrechtsverein aktiv und habe viele Veganer als Freunde. Ich habe jedoch auch viele Nicht-Veganer als Freunde und unterscheide da auch nicht. Anderen Veganern ist ihre vegane Identität so wichtig, dass Freundschaften sich allmählich auflösen, wenn diese wichtige Gemeinsamkeit fehlt. Mir ist vor allem wichtig, dass meine Freunde nicht mit einem Brett vor dem Kopf umher marschieren und noch stolz darauf sind. Aber auch solche Freunde habe ich.

Auswärts zu essen ist kein großes Problem, solange man die gutbürgerliche deutsche Küche meidet. Mit den Kellnern ist schnell abgesprochen, was Veganer nicht essen, sofern sie es nicht bereits wissen. Besonders empfehlenswert finde ich die asiatische, das heißt die indische, chinesische und japanische Küche sowie die fernöstliche (zum Beispiel Falafel), außerdem die italienische, griechische und mexikanische. Wenn ich zu Freunden gehe und sie kochen, ist das ebenfalls schnell geklärt – oder wir kochen einfach gemeinsam. Da ich gute Gründe für meine Lebensweise nennen kann, stoße ich kaum auf Ablehnung. Bei meiner Arbeit mit geistig behinderten Jugendlichen wird meine Lebensweise toleriert und berücksichtigt, von den Kollegen im Beisein der Jugendlichen gelegentlich sogar sachlich thematisiert.

Ich glaube, die Dunkelziffer an Veganern ist beachtlich, schließlich gibt es gute Gründe für diese ethisch konsequente Lebensweise. Ursprünglich wollte ja auch ich anonymer Veganer sein und mich von der Szene fern halten. Der Vegetarier-Freund von damals ist heute immer noch mein Freund. Heute orientiert er sich an mir, ist als theoretischer Tierrechtler jedoch nur fast Veganer. Angesichts der Umstände isst er auswärts vegetarisch.

IV Schlussbemerkung

Die Ergebnisse der vorhergehenden Interviews und Berichte deuten darauf hin, dass sich die Gemeinsamkeiten der befragten Veganer unter dem Begriff eines "veganen Lebensstils" zusammenfassen lassen. Dieser spiegelt sich in der Ablehnung der Ausbeutung von Tieren sowie der Ablehnung von Produkten tierischen Urspungs, der Entwicklung von Strukturen zur Aufrechterhaltung eines veganen Lebensstils sowie einer eigenen Symbolik und Sprache wider. Ein Beispiel dafür ist die Verwendung des V-Labels und der Veganblume sowie die in der veganen "Szene" weit verbreitete Benutzung des Adjektivs "tierlich" statt "tierisch". Als weiteres Ergebnis ist festzuhalten, dass sich der vegane Lebensstil in einer kontroversen und ablehnenden sozialen Umwelt behaupten muss. Es zeigt sich ebenfalls, dass die überwiegende Mehrheit der Veganer zuvor vegetarisch gelebt hat.

Vegetarisch lebende Personen aus dem sozialen Umfeld und insbesondere aus dem Freundeskreis werden als Vorbilder angegeben. Eine wichtige Rolle nehmen den Interviews und Berichten zufolge auch die Massenmedien ein, in dem Haltungs- und Schlachtbedingungen von so genannten Nutztieren gezeigt werden. Die Befragten berichten ferner von Schlüsselerlebnissen, die einen Beitrag zu der Entscheidung, sich fleischfrei zu ernähren, leisteten.

Der Weg zum Veganismus gestaltete sich den Angaben der Befragten zufolge häufig ähnlich. Bereits vegan lebende Menschen fungierten oftmals als Vorbilder; ebenso förderten Medienberichte und Literaturstellen über Tierqual, sowie Jugendkulturen wie die Hardcore- und Straight-Edge-Bewegung, die Entscheidung, fortan vegan zu leben.

Die Mehrheit der befragten Veganer hat sich aus ethischen Gründen für diese Lebens- und Ernährungsweise entschieden. Einige Personen entschieden sich zunächst aus gesundheitlichen Gründen für eine vegetarische Ernährung, woraufhin sich ihre Motive im Laufe der Zeit wandelten und sie schließlich aus ethischen Gründen vegan wurden bzw. blieben. Auch ökonomische und ökologische Faktoren spielten bei einigen der Befragten eine nicht unerhebliche Rolle. Die wichtigsten Faktoren, die zur Entscheidung für einen veganen Lebensstil beigetragen haben, sind in Tabelle 2 abgebildet.

Tabelle 2: Auslösende Faktoren für eine vegane Lebensweise nach Grube

Ethisch-moralische Motive	z.B. Mitleid mit Tieren, Gleichbehandlung von Mensch und Tier, Einstellung gegen Speziesismus
Gesundheitliche Motive	z.B. Vorbeugung, Linderung bzw. Heilung von Erkrankungen, Steigerung der Leistungsfähigkeit und des Wohlbefindens
Ökologische Motive	z.B. Überfischung, Wasserverschmutzung, Treibhauseffekt, Abholzung des Regenwaldes durch Überweidung
Ökonomische Motive	z.B. Welthungerproblem durch global ungleichmäßige Rohstoffverteilung, Konsumvermeidung
Religiöse Motive	z.B. Töten als Unrecht bzw. Sünde, Fleischverzehr als religiöses Tabu, Freisetzung geistiger Kräfte

Die Interviews und Berichte verdeutlichen, dass der vegane Lebensstil von der sozialen Umwelt der meisten Veganer weder toleriert noch geschätzt wird. Fast alle interviewten Teilnehmer berichten, dass ihre Motive selten akzeptiert werden und sie sich dadurch zu einer Rechtfertigung ihrer Lebensweise gedrängt fühlen. Dies könnte sich in Zukunft ändern, da zunehmend mehr Menschen vegetarisch bzw. vegan werden. Insbesondere durch ihr Kaufverhalten nehmen Veganer einen deutlichen wirtschaftlichen und politischen Einfluss auf die bestehende Situation. Dies ist unter Anderen daran erkennbar, dass die Nahrungsmittelindustrie seit einigen Jahren zunehmend mehr vegane Produkte auch in konventionellen Supermärkten anbietet und diese explizit als vegan deklariert.

Aktuell stellen Veganer zwar noch eine Minderheit unserer Gesellschaft dar, jedoch scheint es offensichtlich, dass sich immer mehr Menschen für diese Lebensweise entscheiden. Der Umstand, dass Menschen sich zunehmend öfter für eine vegetarische Lebensweise entscheiden und von diesen Vegetariern ein steigender Anteil später vegan wird, lässt vermuten, dass die Zahl der Veganer auch in Zukunft stets steigen wird. Es ist somit denkbar, dass sich die vegane Bewegung ähnlich entwickeln wird wie die vegetarische vor etwa 20 Jahren.

V Literatur

American Dietetic Association: Vegetarian diets: Online in Internet: URL: http://www.eatright.org/ada/files/veg.pdf [Stand: 21.12.2008]

Animal Peace: Online in Internet: URL:http://www.animal-peace.org/ [Stand: 21.12.2008]

Barnard, Neal: Food for Life, New York 1993

Bartolf, Christian: Die erste Stufe – Tolstoi, Gandhi und die Ethik der vegetarischen Ernährung, Berlin 1996

Berger, Peter A. & Hradi, Stefan (Hg.): Lebenslagen, Lebensläufe, Lebensstile, Göttingen 1990

Brockhaus, Wilhelm: Das Recht der Tiere in der Zivilisation, München 1975

Clements, Kath: Vegan, Göttingen 1996

Deutsche Gesellschaft für Ernährung e.V.: Online in Internet: URL: http://www.dge.de/ [Stand: 21.12.2008]

Diamond, Harvey & Diamond, Marilyn: Fit fürs Leben, Waldthausen, 1992

Die Tierbefreier e.V.: Online in Internet: URL: http://www.tierbefreier.de/home.html [Stand: 21.12.2008]

Drewermann, Eugen: Über die Unsterblichkeit der Tiere, Olten 1990

Face It! Thomsen, Lars (Hg.): Veganissimo drei. Literaturverzeichnis der Tierrechte, Kiel 1996

Face It! Thomsen, Lars (Hg.): Veganissimo eins. Tierliche Inhaltsstoffe und ihre Alternativen, Kiel 1996

Face It! Thomsen, Lars (Hg.): Veganissimo zwei. Das Handbuch der Tierrechte,. Kiel 1995

Friedrichs, Jürgen: Methoden empirischer Sozialforschung, Opladen 1990

Grube, Angela: Vegane Lebensstile, Stuttgart 2006

Haussleiter, Johannes: Der Vegetarismus in der Antike, Berlin 1935

Höffe, Otfried (Hg.): Lexikon der Ethik, München 1986

Kaplan, Helmut F.: Leichenschmaus, Reinbeck 1993

Kaplan, Helmut F.: Philosophie des Vegetarismus, Frankfurt a. M. 1988

Kaplan, Helmut F.: Warum Vegetarier? Frankfurt a. M. 1989

Kaplan, Helmut F.: Warum ich Vegetarier bin, Reinbeck 1995

Kaplan, Helmut F.: Wozu Ethik? Asku-Press 2001

Karremann, Manfred & Schnelting, Karl: Tiere als Ware, Frankfurt a. M. 1992

Kay, Lorraine: Living without Cruelty, London, 1990

Keupp, Heiner & Höfer, Renate: Identitätsarbeit heute, Frankfurt a. M., 1997

Koerber, Karl von & Männle, Thomas & Leitzmann, Claus: Vollwert-Ernährung, Heidelberg 1994

Konz, Franz: Der große Gesundheits-Konz, Tübingen, 1992

König, Burghard: Qualitative Forschung, Hamburg 1995

Köpf, Peter: Ein Herz für Tiere? Bonn 1996

Krebs, Angelika: Haben wir Pflichten gegenüber Tieren? Deutsche Zeitschrift für Philosophie 41(6), 95-1008

Kroth, Eva: Das Tierbuch, Frankfurt a. M., 1991

Lamnek, Siegfried: Sozialwissenschaftliche Arbeitsmethoden, Weinheim 1980

Langley, Gill: Vegan Nutrition, Sussex 1995

Leitzmann, Claus & Hahn, Andreas: Vegetarische Ernährung, Stuttgart 1996

Loppenthien, Thorsten: Vegetarier in Deutschland. Vegetarisch fit, 1, 1998, 17f

Loppenthien, Thorsten: Vegetarische Bewegung in Deutschland. Vegetarisch fit, 2, 1998, 31f

Lüdtke, Hartmut: Expressive Ungleichheit, Opladen 1989

Maqi: Online in Internet: URL: http://maqi.de/ [Stand:21.12.2008]

Mayring, Philipp: Einführung in die qualitative Sozialforschung, München 1990

Muhr, Ursula & Francis, John: Komm mit an den Teich, Erlangen 1995

Patterson, Charles: Eternal Treblinka, New York 2002

PeTA: Online in Internet: URL: http://www.peta.de/ [Stand:21.12.2008]

Pomaska, Astrid: Kleine Henne, wie geht es Dir? Ettlingen 1996

Regan, Tom: The Case for Animal Rights, London 1983

Rifkin, Jeremy: Das Imperium der Rinder, Frankfurt a. M. 1994

Robbins, John: Ernährung für ein neues Jahrtausend, Waldfeucht 1995

Rollinger, Maria: Milch besser nicht, Erfurt 2004

Schönhöfer-Rempt, Rosemarie: Gießener Vegetarierstudie, Gießen 1988

Schwantje, Magnus: Vegetarismus, München 1976

Schweitzer, Friedrich: Identität und Erziehung, Weinheim und Basel 1985

Singer, Peter: Animal Liberation. Die Befreiung der Tiere, Reinbek 1996.

Soylent Network: Online in Internet: URL: www.soylent-network.com [Stand 21.12.2008]

Teutsch, Gotthard M.: Lexikon der Tierschutzethik, Göttingen 1987

Vegan Society: History. Online in Internet: URL: http://www.vegansociety.com/home.php [Stand 21.12.2008]

Wolf, Ursula: Das Tier in der Moral, Frankfurt 1990

Wolfrum, Christine & Wiebus, Hans-Otto: Das Buch vom Essen, Ravensburg 1994

Wolfrum, Christine & Wiebus, Hans-Otto: Das Buch von den bedrohten Tieren, Ravensburg 1993

Worm, Nicolai: Vergleichsuntersuchung zur körperlichen Leistungsfähigkeit von Veganern, (Ovo-)Lacto-Vegetariern und Gemischtköstlern, Giessen 1993

Angela Grube

Vegane Lebensstile

Diskutiert im Rahmen einer qualitativen/quantitativen Studie

Dritte, überarbeitete Auflage

ISBN 3-89821-538-5
150 S., Paperback, € 22,00

Erhältlich in jeder Buchhandlung oder direkt bei

ibidem

Warum entscheiden sich Menschen für eine vegane Lebensweise? Wer sind diese Veganer? Wie gestaltet sich ihr Alltag? Antworten auf diese und andere Fragen gibt die vorliegende sozialwissenschaftliche Untersuchung. Sie analysiert den Lebensstil von Veganern in Deutschland und beleuchtet Motive, Einstellungen, Konsumverhalten und biografische Erfahrungen.

"Die Arbeit von Angela Grube ist in mehrfacher Hinsicht außergewöhnlich: Sie thematisiert nicht nur eine in der Pädagogik wenig beachtete Problematik in sehr anspruchsvoller Weise versiert auf sehr umfangreichem Literaturhintergrund, sondern sie bearbeitet das begriffliche und konzeptionelle Erlebnis im Rahmen einer sehr eigenständigen qualitativen und quantitativen Untersuchung und formuliert schließlich Konsequenzen für einige Beispiele (z.B. Kinderbücher), die viel Kenntnis und praktische Erfahrung zeigen."

Dr. Holger Grabbe (Universität Bielefeld)

Die Autorin:
Angela Grube (Jg. 1970) ist Diplom-Pädagogin und studierte Psychologie, Politik- und Erziehungswissenschaften in Duisburg und Bielefeld.

ibidem-Verlag

Melchiorstr. 15

D-70439 Stuttgart

info@ibidem-verlag.de

www.ibidem-verlag.de
www.ibidem.eu
www.edition-noema.de
www.autorenbetreuung.de

Zeitfracht Medien GmbH
Ferdinand-Jühlke-Straße 7
99095 Erfurt, Deutschland
produktsicherheit@kolibri360.de